Campus Life Support Book

キャンパスライフ
サポートブック

こころ・からだ・くらし

香月菜々子・古田雅明 ［著］

ミネルヴァ書房

は じ め に
──「大人になる」ということ──

　この本は大学生として、あるいはひとりの大人として、歩きはじめたあなたの「こころ・からだ・くらし」をアシストする"サポートブック"です。キャンパスライフを軸とした内容となりますが、大学進学を考えている高校生や専門学校に進んだ方、そして社会人としての新生活を始める方など、人生の新しいステージに向かいつつある10代・20代のみなさんにとって、自分たちのくらしづくりのコツをつかむのに役立つハンドブックとなっています。

　一般に大学生になると、高校生までのくらしぶりとは一変し、とまどうものです。高校生までのあいだは、保護者の方々をはじめ、あなたの周りにいる大人たちが、さまざまな形であなたの面倒を見て、あなたを守り、育み、サポートしてくれていたのではないでしょうか。衣食住をはじめ、金銭的な支え、安心安全の確保といった精神的な支えなど、これはいずれも心身の発育と健康の維持に欠かせない要素です。

　ところが高校卒業後、成人式を迎えるころになると、周囲から「君も大人になった」と認められるようになり、これまでは周りの大人が自分のためにしてくれていたことがそっくりそのまま、少しずつ自分の手にまかされるように変わっていきます。自分以外の誰かが自分の面倒を見てくれるくらしではなく、ほかでもない自分自身が自分の面倒を見ていくのが普通のこととなり、ここから先は自分自身が自分を守り、育み、サポートするよう求められます。

　加えて、大人としてのふるまいやくらしぶりが、周りから少しずつ求められるようにもなります。こうした一連の流れを、急激な変化として受け取り、不安になる人もいるかと思いますが、こうしたことは大人になるプロセスにおいていわばごく自然な変化であり、成長の証といえるでしょう。

　大学生のうちに、自動車の運転免許証を取得する人もいるかと思います。車

の運転という技能を身につけることで、自らの行動範囲がぐっと広がるように、大人になると、自分の手で自分のくらしを舵取りするようになり、これまでよりもずっと自由に動くことができるようになります。当然、その判断には責任がついてくるわけですが、別段恐ろしいことではありません。そのぶん、人生経験が豊かになっていくものです。

つまり大学生の時期は、大人としての助走の期間であり、かつ大人としての船出の時期にあるといえるでしょう。ひとりの大人として、自分で自分の面倒を見られるようになる技能を自分で工夫しながら身に着けていくタイミングなのです。学生生活を送るなかで、知らず知らずのうちに、「こころ・からだ・くらし」のトレーニングを積んでいくことになります。

最初はうまくいかないことの連続かもしれません。小さな失敗はいつものことですし、時には大きな失敗に見舞われることもあるでしょう。しかし、この時期にさまざまなチャレンジをし、手応えや失敗、そして実体験からの学びをくりかえしながら経験値を積んでおくことは、将来のあなたにとって、なにより得がたい財産となるはずです。

さて本書では、大人になるということを次のように定義しています。

> 大人になるということは、
> 自分の力で、自身の面倒を、
> ほどほどに（70%）見られるようになること

大人になるための秘訣は、この「ほどほど（70%）」にあるといえます。これがずばり本書のテーマです。この発想は、イギリスの児童精神科医 D.W. ウィニコット（1896-1971）の「ほどよい母親」（Good Enough Mother）という概念にヒントを得たものです。ウィニコットは失敗のない完璧な子育てを目指すのではなく、ごく普通に適度に失敗をしながらする子育てを提唱しました。

これと同様に皆さんも自らに、完璧（100%）を求めるのではなく、ほどほど

はじめに

（70%）のスタンスで自らを育んでいく……つまずいたり転んだりしながらも、70%ぐらいの感じで、少しずつ自分の面倒をみられるようになることを目指しましょう。本書は、みなさんが少しずつ大人になっていくお手伝いをします。そもそもまだ慣れないことですから、まずは肩の力を抜いて、締めるところは締めて、自分だけのオリジナルな大学生活を作っていきましょう。

　平成31年　桜のころに

香月菜々子・古田雅明

キャンパスライフ・サポートブック
──こころ・からだ・くらし──

目　次

はじめに——大人になるということ

序　章　サポートブックの使い方 …………………………………… 1
　　1　本書の構成と使い方　1
　　2　本書の成り立ち　2
　　3　登場人物紹介　3

第Ⅰ部　ガイダンス

第1章　大学生ってなんだろう？ ………………………………………9
　　1　青年期という冒険期　9
　　2　大学生活のしくみ　11

第2章　卒業までのロードマップを作ろう ………………………… 17
　　1　船出としてのキャンパスライフ　17
　　2　"タイトル"をつけよう　18
　　3　"学年ごとのテーマ"を決めよう　19
　　4　卒業までの計画を具体的に立ててみよう　23

第Ⅱ部　くらし編

第3章　入学後すぐの悩みごと ……………………………………… 31
　　1　入りたかったのはこの大学？：不本意入学　31
　　2　大学に足が向かない：ひきこもり・アパシー　35
　　3　居場所がみつからない：友人関係　38

目　次

第4章　キャンパス内でのハプニング………………………… 42
1. 授業に間に合わない！：通学中の事故と保険　42
2. 財布を盗まれた？：キャンパス内での盗難被害　46
3. 無断でネットに自分の写真が！：SNSの問題　49

第5章　災害時の対応と備え ………………………………… 53
1. 台風接近中！講義はあるの？：悪天候時の対応　53
2. 大地震がきた！？：震災時の対応　57
3. もしもの災害に備えて：備蓄のススメ　61

第6章　お金にまつわる危機管理 …………………………… 65
1. 「お金を貸して」と相談されて：借金・クレジットカード　65
2. 「オススメの化粧品買わない？」と勧められて：マルチ商法　71
3. 「家族が事故を起こした」と伝えられて：架空請求　74

第7章　人間関係にまつわるトラブル………………………… 78
1. 突然厳しくなった上司と「大切な仕事」
   ：パワハラ・アカハラ・セクハラ　78
2. 突然そっけなくなった彼と「大切な仕事」：破壊的カルト　85

第Ⅲ部　こころ・からだ編

第8章　"ウツウツ"と沈むこころ …………………………… 93
1. 抑うつ気分・うつ病　93
2. 回復に向けて　98
3. 周囲の対応のポイント　100

第9章 "ザワザワ"と休まらないこころ……104
1　統合失調症　104
2　回復に向けて　107
3　周囲の対応のポイント　108

第10章 "ドキドキ"が止まらないこころ……110
1　パニック障害　110
2　回復に向けて　113
3　周囲の対応のポイント　117

第11章 人づきあいで"カチコチ"になるこころ……120
1　不安障害（社交不安障害）　120
2　回復に向けて　122
3　周囲の対応のポイント　124

第12章 "コダワリ"が止まらないこころ……126
1　強迫性障害　126
2　回復に向けて　130
3　周囲の対応のポイント　131

第13章 食の"コダワリ"に振り回されるこころ……132
1　摂食障害　132
2　回復に向けて　136
3　周囲の対応のポイント　137

第14章 "キョロキョロ""ウロウロ"動くこころ……139
1　注意欠如・多動性障害（ADHD）　139
2　適応への工夫　142
3　周囲の対応のポイント　143

第15章　適当が難しい"イチゼロ"なこころ……………………145
1　自閉症スペクトラム障害（ASD）　145
2　適応への工夫　151
3　周囲の対応のポイント　154

第16章　ストレスとどう付き合うか……………………157
1　ストレスとは何だろう？　157
2　ストレスとメンタルヘルスの関係　161
3　あなたのストレス度を測ろう　163
4　今日からできるストレス対策　165

第17章　眠ることとどう付き合うか……………………174
1　眠ることと生きること　174
2　眠りとメンタルヘルスの関係　176
3　あなたの睡眠をチェックしてみよう　178
4　今日からできる、睡眠の質を高めるコツ　180

終　章　困ったときは、相談しよう……………………185
1　残り30％の対処法　185
2　大学のサポートを活用しよう　187

おわりに――「わたしになる」ということ

参考文献
索　引

序章
サポートブックの使い方

1　本書の構成と使い方

　この本は、教科書のようにすでにできあがっている完成版ではありません。ページのところどころに空白があり、読みながらふと思いついたアイディアや感じたことを、メモできるようになっています。つまり、あなたが書き込むことで初めて、「自分だけのオリジナルな一冊」が完成する、というのがこの本のねらいです。

　そして、あなたの大学生活をリアルに想像しながら楽しんで読んでいただけるように、たくさんの具体的なケースを盛り込んでいます（ケースはすべて筆者らが創作した架空のものです）。想像しながら読んで、思いついたことをメモし、あなたのオリジナルな１冊にして下さい。そして、読み終わってしばらくしたらもう一度、ご自分で書きこんだことを読み返してみることをおすすめします。昔のあなたと、新たに変化した今のあなたと同時に出会うことができるからです。

　この本は「ガイダンス」と「くらし編」そして「こころ・からだ編」に分かれています。「ガイダンス」では大学生活全体の案内に加えて、卒業までの実行計画（プラン）の作成について紹介されています。「くらし編」では大学生がくらしのなかで出会うさまざまなトラブルとその対処法など取りあげています。「こころ・からだ編」は大学生に知っておいてほしいメンタルヘルスの話題を主に取りあげています。心身一如というように、こころとからだの問題は相互に影響しあっていて切り離して考えることはできません。なかにはあまり身近ではないテーマがあるかも知れませんが、「友達にこんな人がいたら……」と想像しながらケースを読んでほしいと思います。

本書は、最初から順に読むと全体像が理解しやすくなっていますが、あなたが気になったテーマから拾い読みしても結構です。あなたらしいオリジナルな読み方をしてみてください。

2 本書の成り立ち

私たちは臨床心理学を専門に教えている大学教員です。多くの大学生を対象にした臨床心理学の講義を通じて、大学生のキャンパスライフのサポートを行っています。しかし、大学教員である前に、私たちは臨床心理士・公認心理師という資格を持つ心理臨床の実践家です。プロの心理カウンセラーと表現した方がわかりやすいかもしれません。大学内にある学生相談室をはじめ、民間の総合病院や精神科クリニック等で、カウンセリングを通じて大学生のさまざまな悩みへの支援を行ってきました。

大学生活が楽しみで期待に満ちているけれども、一方で具体的なイメージがわかなくて不安になっている学生、何の心配もなく期待で膨らんでパンパンになってしまい、足元が見えずにつまずいてしまった学生、心配や不安で一歩も前に進めず固まってしまった学生、そんなさまざまな大学生を対象にカウンセリングをしてきました。こうしたカウンセリング経験をベースに、私たちが大学で大学生のサポートを目的に教えているのが「キャンパスライフとメンタルヘルス」という全学生対象の講義です。本書はこの講義をベースに作成されました。

臨床心理学では、知識をあたまで理解することに加えて、体験を通じてこころとからだで理解することを大切にします。つまり知ることと、実際にできることの両方が必要な実践的学問です。とはいえ、いきなり実践するわけにはいきません。まずは実践をイメージした模擬体験による学習が必要になります。いわゆるシミュレーション学習です。自動車の教習所に似ていますね。

本書はこの臨床心理学の学び方にならって、あなたがキャンパスライフを模擬体験しつつ、同時に知識も身につけられるようになっています。想像たくま

序　章　サポートブックの使い方

しく、模擬体験をまるで本物のように感じることができれば、学びもそれだけ深くなることでしょう。それでは次に、あなたが「模擬的に」入学する大学と、大学の仲間たちを紹介しましょう。

3　登場人物紹介

　舞台は東京近郊にある私立の総合大学「緑が丘大学」です。名前のとおり、緑豊かな小高い丘の上にある大学で、都心からは少し離れた閑静な住宅街に囲まれています。そして文科系、理科系いずれの学部も有するほどほどの規模の大学です。
　そして、この「緑が丘大学」に通う6名が、本書の主な登場人物です。
　彼らは全学部生の全学年を対象とした全学共通科目（一般教養）の『キャンパスライフとメンタルヘルス』を受講し、グループ・ディスカッションの機会を通じて顔見知りとなり、学食でランチする仲間となりました。さてこの6人は、どんなキャンパスライフを送っているのでしょうか？

人見知世（ヒトちゃん）　文学部心理学科2年生
大学進学を機にひとりぐらしを始めた女子学生。物静かだがしっかり者で、同級生から頼りにされている。まじめで几帳面で、すこし引っ込み思案。人見知りなところも。ほどほどでおさめられるバランスの取れた人。

井伊谷舞華（舞華）　文学部英文学科2年生
おしゃれな女子大生。中身はお調子者で、少々怪しくても興味のあることにすぐ飛びついてしまう、後先考えない行動派。「いいや、まぁいいか」が口癖。

森野晴香（ハルハル） 農学部農学科2年生
大学の寮生。農家出身。マイペース。興味のないことには無関心だが、動植物と自然現象に関しては積極的に発言する、自他ともに認めるリケジョ。大学4年の姉がいる。

一色高志（高志さん） 工学部経営工学科4年
付属高校出身の内部生。インカレサークルの代表をしていたこともあって学内外に知り合いがとても多い。非常にまじめで大学院進学志望。イケメンだが、なぜかあまりモテない男子学生。

松山修造（シュウシュウ） 商学部商学科2年
体育会バスケットボール部。スポーツ推薦で入学。バスケ命で練習好き。明るい性格でグループの盛り上げ役の男子学生。落ち着きがなく、ちょっと抜けている。

今池爽太（ソウタ） 経済学部経済学科3年
裕福な家庭のお坊ちゃんだが、社会勉強と称して居酒屋のアルバイトをしている。授業は休みがちで、出席しても、バイトの影響で寝ていることが多い。お金の管理がルーズ。

「キャンパスライフとメンタルヘルス」の初回ガイダンス授業が終わりました。学食は多くの学生でにぎわっています。授業でたまたま同じグループと

なった6人の大学生が授業について話しているようです。

今池爽太：あ、舞華だ。さっきの授業お疲れ〜。俺たちも一緒に食っていい？　俺、ソウタです。同じグループだね、これからもよろしく。

人見知世：……（恥ずかしそうに、笑顔で会釈）

松山修造：ふぉぉ……（人見さん、やべえ、か、かわいい！）じ、自分、松山っていいます。シュウシュウって呼ばれてるんで。今日はランチよろしくっす！いやー、ホントこの大学に来てよかったなぁー！

一色高志：一色です。ソウタとシュウシュウが図々しくて騒がしくてごめんね。それにしても先生の話、結構おもしろかったね。僕はもう卒業単位は足りてるけど、メンタルヘルスの知識は社会人の常識だから、履修するんだ。

森野晴香：私は農学部なんですが、今日、架空の大学生のケースをグループで話し合ったのが新鮮でした。自然科学とは違うアプローチっていう印象だけど、ヒトちゃん、心理学ってそれで合ってる？

人見知世：えっと……えっと、心理学は自然科学的なアプローチが主流ですが、臨床心理学は人文科学的なアプローチも含まれると何かの授業で聞いたことがあります。

一色高志：ナラティブ・アプローチのことかな？

人見知世：確かそのような……はい。

松山修造：おぉ、みなさん、学食でスゲー難しい話してますが、この感じが大学生っすよね！自分、今、モーレツにキャンパスライフを生きている気がしてきました。いやー、今日もパスタ特盛にしてよかった！！

今池爽太：パスタ関係ないじゃん。さすがシュウシュウ、無駄に熱い

な！俺はとにかく高志さんが履修してくれるんなら、留年しないで済むことだけ理解できた。
井伊谷舞華：ソウタはまた高志さんのノート借りる気でしょ。バイトばっかりしてるから、ノートあっても出席足りなくて留年するんじゃない。
森野晴香：お話し中、失礼します。松山さん、かな？　そのドレッシングを取っていただけますか？　農学部が学食とコラボして作ったもので、美味しいんですよ！
松山修造：シュウシュウでいいっすよ。そっか、サラダも取ればよかったなぁ！今日のランチにサラダをつければ、完璧なキャンパスライフになったのに。
森野晴香：サラダとキャンパスライフって関係ないのでは……。
一色高志：まぁ、学食も授業も、どっちも取り方次第ってことかな……。

　それではデコボコ６人組のキャンパスライフを、追いかけて見てみましょう。彼らの人間模様についても、想像を膨らませてお楽しみください。

第Ⅰ部

ガイダンス

わたしがつくる大学生活

　人生という時間軸で眺めてみると、大学生として過ごす数年間というのは、ごくごく短い時期に過ぎません。しかし、ほんの一瞬でありながら、今後の人生の流れを方向づける重要な時期となる場合も、決して少なくありません。果たして大学生として過ごす時期には、一体どのような特徴があるのでしょうか。

　この章の前半では、まず高校生の時とは過ごし方がまるで変わってしまう「大学生」という時期について学び、キャンパスライフを中心にあれこれ自由に思い描いてもらえたらと思っています。そして後半では、あなた自身がどんなふうに過ごしていきたいのか、ワークシートを用いてロードマップを描きながら、大まかな計画を立ててみましょう。

第1章
大学生ってなんだろう？

1　青年期という冒険期

生涯発達というアイディア

　人は一生のあいだ、さまざまな営みを通じて、こころもからだも日々成長しています。ひとりひとりの人生はそれぞれに進んでいくものでありながら、つねに互いに影響しあい、出会いと発見をくりかえしながら進んでいくものです。こうした発達の道筋を考える際に、精神分析家 E. H. エリクソン（1950）のライフサイクル論のアイディアは示唆に富んでおり、なかでも彼が提唱する"人間の8つの発達段階"は生涯発達モデルのひとつとして、現在も活用されています。

　エリクソンは、この8つの発達段階それぞれに固有の心理社会的課題と危機を想定し、それを主題（Theme）と呼んでいます。個人がこれらの主題が課される人生の岐路にどう立ち向かい、いかにして発達的変化を遂げるかといった成熟の方向性とプロセスに注目した点に、エリクソンのユニークさがあります。

　大学生として過ごすこの時期は、エリクソンの言うところの第Ⅴ段階「青年期」に相当すると考えられます。青年期の主題とは、自我同一性すなわちアイデンティティの獲得です。つまり、「自分とは何者か」を本人自らが見出す時期と考えられており、エリクソン自身が人生の8つの段階のなかで重要視していた時期でもありました。

自己探索の冒険期 ＝（イコール）青年期

　自我同一性（アイデンティティ）とは、「自分は今までも、そしてこれからも、ある程度のまとまりを持った自分という独特の存在だ（＝自己の単一性、連続性、

エリクソンによる8つの発達段階

		1	2	3	4	5	6	7	8
Ⅷ	成熟期								安全性対嫌悪・願望
Ⅶ	成人期							生殖性対自己吸収	
Ⅵ	初期成人期						親密さ対孤立		
Ⅴ	青年期					自我同一性対同一性拡散			
Ⅳ	学齢期				勤勉性対劣等感				
Ⅲ	遊戯期			積極性対罪悪感					
Ⅱ	早期児童期		自立性対恥・疑惑						
Ⅰ	乳児期	基本的信頼対不信							

出典：エリクソン（1950／1973）『自我同一性』。

普遍性、独自性の感覚）」という感覚のことです。そして同時に、人との関わりのなかで社会の一員としての連帯感・つながりや安定感をベースに「これでよし」という自信が内側に育ってくること、すなわち「肯定的な自己像」をも意味しています。大切なのは、これらを頭で理解するのではなく、"感覚でわかること"が推奨されているという点です。つまり、社会における人々との関係を通じて、ある程度一貫した自分らしさの感じを"なんとなくではあるが確かにもてること"が青年期の主題であり、こうした実感が、そのまま大学生の主題であるともいえます。

　大学で過ごす数年間というのは、大人たちに守られた時代は終わり、不確かなものばかりが周辺に転がっているように感じられ、心許なさを感じる人も少なくありません。大学時代とはすなわち、自由に過ごせることの嬉しさと不安をともに抱えながら、「自分らしさの感覚」と社会での「新たな居場所」をもくもくと探索し続ける、孤独な冒険の時期だといえるでしょう。

身をもって学ぶ、が活きる

　冒険期であるがゆえに、とにかく新しいことや慣れないことが連続して起こるかもしれません。しかし、それはこの時期においてはごく普通のことです。慎重さは大切ですが、恐れすぎず、興味の赴（おもむ）くままに、自分からいろいろチャレンジしてみましょう。この時期に、自らの体験を通じて見えてくるもの、理解されることは、後々までこころに残る深い学びとなります。その後の自らの人生の方向性につながる発見が得られるこの時期を、大切に過ごしていただきたいと思います。

　時にはつまずき、恥ずかしさに見舞われることもあるかもしれません。ゆえに青年期は、実はこころの揺らぎや心身の不調がもっとも生じやすい時期と言われています。しかし、こうした痛みのひとつひとつが自分自身と向き合うきっかけとなり、自己理解が進むことで、自分との上手なつきあい方がわかるようになっていきます。そのころには、青年期から先の人生の方向性が定まりはじめ、道筋がうっすら見えてくるものです。

　自己探索の冒険期である4年間を、自分はどう過ごすのか。章を進めるごとに、あなた独自のキャンパスライフを少しずつ形作ってみてください。

2　大学生活のしくみ

所属（学部・学科）について

　大学は、さまざまな学問を学べるセクションが寄り集まって構成されており、学生はそのいずれかに所属することになります。いわば大学内の住所のようなものです。大学には学問領域を示す「学部」という単位が複数存在し、さらにその学部のなかには「学科」という細かい区分が存在します。

　たとえば緑が丘大学の6名をみると（p.3参照のほど）、森野晴香さんは「農学部」、一色高志君は「工学部」、松山修造君は「商学部」、今池爽太君は「経済学部」に、それぞれ所属しています。人見知世さんと井伊谷舞華さんはともに「文学部」所属ですが、前者が心理学科、後者が英文学科というように、異

なる「学科」に所属しています。多くの場合、それぞれの興味関心に基づいて選択されているので、所属を尋ねるだけで、その人の好みや興味、将来の方向性が少し見えてくるものといえるでしょう。

自分で決める時間割

　大学の授業は単位制です。卒業に必要な単位数は決まっており、在学中に必要な単位数を納めれば卒業が認定されることとなります。したがって、各学年でどの授業を履修するのか（どの単位を獲得するか）の判断は、学生自身に任されているので、自ら選んで決めることになります。各大学が提示する各学部・学科の時間割モデル（モデルカリキュラム）を参考にしつつ、卒業に必要な単位数を取りこぼすことがないよう、心がけましょう。

　また大学では高校までと異なり、同じ時間枠にたくさんの授業が開講されています。必修科目は、指定された学年で指定された時間に受講することが多いですが、選択必修科目や選択科目は、いつどのように受講するか、学生に選ぶ自由が与えられています。高校の時よりも格段に、自分で好きなように時間割を組むことができるため、大学での4（～8）年間をどのように過ごすかは、各人に自由に任されているといえるでしょう。

　多くの人は卒業要件を満たす最低限の単位を効率的に取得し、4年生になるころには卒業単位が充分足りている状態を作ります。あとはゼミと卒業研究の履修のために週1～2回ほど大学に通い、そのほかの空いた時間を就職活動や大学院その他の受験勉強にあてるなど有効活用しています。学業ばかりでなく、課外活動や留学、その他の活動に力を入れてじっくり学びたい人は、4年以上かけて大学を卒業するプランを立てて取り組んでいます（最大8年まで可）。

　自分にとって最適な時間割の組み方や単位の取り方は？　と考えると、大学入学当初は、単位制に慣れること自体が難しかったり、履修登録システムを覚えることに精一杯で、何だかよくわからないというのが正直な感想ではないでしょうか。このとき、新入生にとって心強い味方となるのは、大学が示すモデルカリキュラムや、周囲の同級生の履修方法です。また、学科やサークルの先

輩のアドバイスや、SNSなどで紹介される「おもしろい授業」「ためになる授業」や「楽に単位が取れる授業」の情報もいくらか役立つと思われます。

時間割づくりのコツ！学食の「今日のランチ」

　さてあなたは今、大学の学食にいると想像してみてください。「今日のランチ」を注文すると、ご飯とお味噌汁のほか、メインのおかず1品、お総菜2品、デザート1品、飲み物1種という枠組みがはじめから決まっています。これらの枠組みのなかであなたは自由にメニューを選ぶことができ、いろいろな組み合わせが可能です。

　実はこの状況は、先ほどの時間割づくりの実際ととてもよく似ています。並べられているおかず（授業）は、どれも新鮮です。学科や専攻によって、「和食系」「洋食系」「中華系」「エスニック系」「ファストフード系」とさまざまな傾向があるため、ある一定の設定のなかで、今の自分に最適なメニューを考えることになります。

　たとえば「和食系」を選ぶと、メインのおかずを魚または肉料理にするのかに始まり、ご飯は白米か玄米か五穀米か、お味噌汁は赤だしか信州だしか、お総菜は旬の野菜サラダやひじきの煮物、あるいはだし巻き卵をとるのか、デザートは抹茶プリンがいいのか……など、あなたのお腹の空き具合や体調を考えつつ、決められた枠のなかで最大限、食べたいものを手に取るでしょう。おかずを取りすぎるのはもったいないし、少なすぎて物足りないのも残念です。

第Ⅰ部　ガイダンス

こんな風景を想像しつつ時間割づくりをするならば、あなたらしい時間割に近づきそうです。大切なのはあなたが今何を「食べたい＝学びたい」のか。人からの情報に頼るだけでなく、あなた自身の目的にあった、あなたならではの時間割をぜひ考えてみてください。

自由席のどこに座ろう？

大学では、たとえクラス制であっても、指定された教室というものは存在しません。したがって高校までのように「自分の席」もなく、すべて「自由席」です。たとえ同じクラスの学生でも、各自異なる時間割で動いているため、人の流れは極めて流動的で、自分の居場所が物理的に見つけにくいという点が、大学という場のひとつの特徴ともいえます。

入学直後、キャンパス内をさまよっているうちに、クラスの知り合いや講義でたまたま知り合った同士でなんとなくお昼をともにする学食が居場所になっていく学生もいれば、サークルのメンバーが集まる場所や部活の部室を居場所として足繁く通う学生もいます。また、図書館や談話室などキャンパス内の施設に自分のお気に入りの席を決めて、そこを拠点とする学生もいれば、アルバイト先とその仲間をよりどころにするなど、キャンパス外で居場所を見つける学生もいるでしょう。

つまり大学というところは、つねに自分を起点として、行動範囲も人間関係の輪も自由に広がっていく構造となっており、高校までの環境のように最初から自分の居場所が与えられるのではなく、自らの選択にしたがって自らの居場所を開拓するような構造になっているともいえます。主体的かつ能動的に己を磨く場となっている点が特徴的です。

自宅ぐらしと一人ぐらし

大学入学とともに親元を離れて一人ぐらしを始める人も多いでしょうが、「自宅ぐらし」と「一人ぐらし」はともに一長一短、メリット・デメリットがあるといえます。「自宅ぐらし」はこれまでの生活の延長となり、安心感が保

たれやすいかと思います。家事全般をほかの家族メンバーにまかせているのであれば、自分の学びや自由活動に専念できるでしょう。そのかわり生活面で「大人になる」、すなわち「自分で自分の面倒を見る」という重要な課題が先送りになりやすく、自分の足でしっかり立っているという自覚をもちにくいといえそうです。

　対する「一人ぐらし」はその自由度や気楽さから、多くの学生のあこがれでもありますが、大学入学の慌ただしさのなか、否応なく自分のくらしが始まるという点で、実は時間的拘束も負担も苦労も何かと多いものです。つい先日まで保護者の庇護のもとでのびのび生活していた人が、住み慣れた環境を離れて一人ぐらしを始めるやいなや、慣れない土地での炊事・洗濯・掃除のルーティーンワークが加わり、さらに自らの体調管理、金銭管理、ほどなくして大学での勉強も始まるため、好きなようにくらせる気楽さはあるものの、自己管理に慣れるまではかなりの忙しさとなります。だからこそ、慣れてくると「自分も大人になったなあ」と、ひとあし先に実感を得られるのは「一人ぐらし」の醍醐味のひとつと考えられます。

アルバイト

　大学生になると、アルバイトを始める人も多いでしょう。お小遣いを増やすため、学費を払うため、社会経験を積むためなど、さまざまなニーズがありますが、大学生という身分である以上、大学での学びの時間を軸として考え、専門的な学びへの負担がかからぬよう、無理のないスケジュールを組めるかどうかが肝心ではないでしょうか。

　所属する学科や専攻によって、忙しさはかなり異なるので、アルバイトを探す段階で、所属する学科や専攻の先輩やクラスメイトたちのアルバイト状況を前もって尋ねておくことは、自ら判断する上で大いに役立ちます。それぞれ体力・気力・性格・置かれている状況も異なるため、そっくりそのまま誰かの真似をするというよりも、自分に見合ったアルバイト先や、時間数（頻度）を吟味し、実行に移してみてください。

第Ⅰ部　ガイダンス

　何事にも共通することですが、最初からうまくいくということはまずありません。最初のアルバイト先が自分にぴったりだったとすれば、それはありがたい幸運に恵まれた、と捉えてください。アルバイトは自分の働きに応じて報酬を得る労働活動であるため、それ相応の責任がともないます。大変だなと思うことも、思わぬ苦労をすることも当然あるでしょうし、自分の身を守るすべを培（つちか）うきっかけを得ることもあるでしょう。その一方で、一生懸命取り組むことで働きがいを感じる、お金の重みを感じる、仲間や尊敬できる先輩に出会えるといった体験も生じるのではないでしょうか。

　それぞれの職場や働き方を通じてさまざまな経験を積みながら、人まねではない、自分流のアルバイト・スタイルを見出していってください。アルバイトという挑戦は、あなたがこれまで知らなかった多くのことを発見し、学ぶきっかけとなるでしょう。

第2章
卒業までのロードマップを作ろう

1　船出としてのキャンパスライフ

　4年制の大学に入学した場合、卒業までは最短で4年という道のりになり、日数に換算すると1461日となります。そのうち、キャンパス内で過ごす時間は800～900日程度であり、学外で過ごす時間が500～600日と考えると、実は思いのほか短いことに気付きます。この時間は学生であれば誰にも等しく与えられていて、使い方は自由、すべてはあなた次第です。これまでの人生でも、またこれからの人生においても、自らの人生を豊かにするためにこれだけ無条件に活用することができ、開拓も冒険も可能な時間というのはなかなか得られないのではないでしょうか。

　大人になって振り返っても、自分たちのキャンパスライフはさまざまな人々との出会いや学びの楽しみを通じて「自分磨き」に精を出す、かけがえのない時間として記憶されているものです。その当時、自分の"こころ"と"からだ"を駆使して体験し培った知恵が、後の人生のなかでさまざまな形で活きてくることは、みなが経験するところでもあります。

　人生を航路にたとえるなら、キャンパスライフは、みなさんが初めて自分の船の"船長"に就任し、船出する時期だと言えるでしょう。これまで幼いみなさんのかわりに船長を務めていた保護者の方々から業務を引き継ぎ、いよいよ自分の手で自分の船の運航を任されることになります。この時期は船のコンディションを整えつつ、舵取りを覚えるなど、いわば人生という海原を進み続けるための貴重な練習期間です。私たちが生きている世界は想像以上に広いので、いともたやすく自分自身を見失い、舵取りがうまくいかなくなることもめずらしくないと思います。

第 I 部　ガイダンス

　そこでこの章では、あなたのキャンパスライフを眺望し、まずは卒業までの実行計画（プラン）いわば「ロードマップ」を作成してみることから始めてみようと思います。これから先、あなたが進んでいく路(みち)を見定め、一歩ずつ進んでみましょう。

2　"タイトル"をつけよう

　自分の人生を映画やドラマにたとえるならば、監督、脚本、主演俳優（女優）はすべてが自分自身となります。そこで、映画やドラマのタイトルをつけるような感覚で、あなたのキャンパスライフ4年間を言いあらわす「タイトル」を、下のスクリーンに鉛筆で書き込んでみてください。

　タイトルを付けるコツは、"短くスッキリと"です。あなたのこころにぴったりくるタイトルが見つかるまで何度でも書き直してみましょう。

✎ あなたのキャンパスライフを「ひとこと」で言うなら？

タイトル

一色高志：僕の場合、起業して経営工学を活かしたIT王者になる。「華麗なる転身の道」で決まりだな。

今池爽太：めざすはエリートってやつ？高志さんらしいよなー。俺は「バイトで上げよう経験値！」とか「祭り男365日！」がいいな。

井伊谷舞華：やっぱり「最高の彼氏ゲット作戦」か「運命のひとはどこ？」かなぁ〜！

森野晴香：わたしは「列島横断温泉めぐり」ってとこかな。日本一周なんて今しかできないもんね。あ、「水族館・動物園めぐり」も捨てがたい……。
人見知世：みんな早いねー。うーん、私はなかなか決まらないや……。次ページ以降の課題をやりながら、ゆっくり考えてみようかな。
松山修造：今腹減ってるから、よくわかんねーな……「とにかくやってみよう」とか「なんとかなるさの4年間」かな。とにかく実行あるのみ！

3 "学年ごとのテーマ"を決めよう

ここでは学年ごとにあなたがやっておきたいことを、「テーマ」として書き込んでみましょう。「これはちょっと難しいかも……」と思うことも試しに盛り込んでください。書いてからシート全体を見渡すと、方向性が新たに見えてくるかもしれません。書き直せるよう、鉛筆を使うのがおすすめです。

第Ⅰ部　ガイダンス

学年ごとのテーマ（この1年どんなふうに過ごすのか、「ひとこと」で）

1年生（　　歳）

卒業単位	取得単位	のこり単位数
□	− □	= □

2年生（　　歳）

卒業単位	取得単位	のこり単位数
□	− □	= □

3年生（　　歳）

卒業単位	取得単位	のこり単位数
□	− □	= □

4年生（　　歳）

卒業単位	取得単位	のこり単位数
□	− □	= □

卒後の歩み

第 2 章　卒業までのロードマップを作ろう

人見知世さんの場合

1 年生（18〜19 歳）

｜ちゃんと一人ぐらし（基本自炊！）｜

卒業単位　取得単位　のこり単位数
130 − 38 = 92

2 年生（19〜20 歳）

｜とことん自分磨き（英会話・バイト・サークル）｜

卒業単位　取得単位　のこり単位数
92 − 46 = 46

3 年生（20〜21 歳）

｜専門家への道 1（専門科目の勉強）｜

卒業単位　取得単位　のこり単位数
46 − 30 = 16

4 年生（21〜22 歳）

｜専門家への道 2（実習・大学院入試の勉強）｜

卒業単位　取得単位　のこり単位数
16 − 18 = −2

卒後の歩み

大学院（2 年間）→公認心理師国家資格合格＆臨床心理士資格試験合格
　①色々な心理臨床の現場に足を運ぶ（現場リサーチ）
　②個人面接の技能を磨く

第Ⅰ部　ガイダンス

例 一色高志くんの場合

1年生（18〜19歳）

教養系・語学系をフルで履修＝教養人への道

卒業単位	取得単位	のこり単位数
130	− 42	= 88

2年生（19〜20歳）

英語プラス中国語も履修＝国際教養人への道

卒業単位	取得単位	のこり単位数
88	− 46	= 42

3年生（20〜21歳）

インターンシップで人脈作り＝起業家への道

卒業単位	取得単位	のこり単位数
42	− 30	= 12

4年生（21〜22歳）

大学院入試の勉強中＝大学院生への道

卒業単位	取得単位	のこり単位数
12	− 30	= −18

卒後の歩み

大学院で修士号を取得。
IT産業に勤め、27歳で人生のパートナーと出会い、
30歳で起業家へと華麗に転身。

4　卒業までの計画を具体的に立ててみよう

　ここでは、3で立てた学年のテーマを参考に、スモールステップ方式、つまりより短い期間に区切って、達成目標と具体的な行動計画を書き込んでみましょう。学年のテーマを達成するために、各学期に何を達成目標とするのか、達成するためには何をすべきかを記述し、その期間が終了した時点で、満足度は0～100%の間ではたして何%になるのかを考えてみてください。

　なお、すでに経過した期間については、「行動計画」の枠に、この時期にどのような活動をしていたのか書き込み、過去の積み上げや、自らが経験し得たことを、ここで一度振り返ってみましょう。そしてテーマの欄には、テーマのかわりにその年のタイトルをつけてみましょう。

卒業までのプラニング・シート（計画具体化編）

		達成目標	行動計画	評価／満足度
1年生	前期			％
	夏休み			％
	後期			％
	春休み			％
テーマ（　　　　　　　　　　　）の達成度：　　　％				

第Ⅰ部　ガイダンス

		達成目標	行動計画	評価／満足度
2年生	前期			％
	夏休み			％
	後期			％
	春休み			％

テーマ（　　　　　　　　　　）の達成度：　　％

		達成目標	行動計画	評価／満足度
3年生	前期			％
	夏休み			％
	後期			％
	春休み			％

テーマ（　　　　　　　　　　）の達成度：　　％

第2章 卒業までのロードマップを作ろう

		達成目標	行動計画	評価／満足度
4年生	前期			%
	夏休み			%
	後期			%
	春休み			%

テーマ（　　　　　　　　　　　　　）の達成度：　　％

		達成目標	行動計画	評価／満足度
社会人その他	春			%
	夏			%
	秋			%
	冬			%

テーマ（　　　　　　　　　　　　　）の達成度：　　％

例 松山修造くんの場合　現在、商学部商学科２年生

松山くんの場合、１年生の時期はすでに終わったので、１年生の「行動計画」の枠には活動記録を、２年生からプラニング・シートを作成しています。

		達成目標	行動計画	評価／満足度
１年生	前期		バスケ　新人戦で気合いの応援をした。	１００％
	夏休み		バスケ夏合宿。マジきつかった。	７０％
	後期		心理学の授業を受けたら人見さんがいた。	１００％
	春休み		バスケ春合宿。夏より慣れたけどきつかった。	９０％
テーマ（考えずに駆け抜けた１年！）の達成度：　９５％				
		達成目標	行動計画	評価／満足度
２年生	前期	バスケ　新人戦出場	人見さんに観戦チケット渡す。スタメンに入って試合でる。	％
	夏休み	合宿で自動車免許を取る。	二人でドライブ行きたい。	％
	後期	リーグ戦　１部昇格	先輩の応援はとにかく声出しする。ベンチ入り目指す。人見さんに告白。	％
	春休み	バイトしたい。	部活休みの日に引っ越しバイトで稼いで、彼女の誕生日に肉フェスデート。	％
テーマ（バスケも恋もオフェンス１本！）の達成度：　　％				

第 2 章　卒業までのロードマップを作ろう

		達成目標	行動計画	評価／満足度
3年生	前期	希望のゼミに入る。	部活以外の知り合いをもっと作る。勉強する。授業に出る。	％
	夏休み	ゼミ合宿	~~二人で離島に旅行？？~~ テーマパークでデート	％
	後期	リーグ戦　1部で上位に入る。	レギュラーを目指す。 ディフェンスを鍛える。	％
	春休み	バスケ春合宿 就活開始	4年の先輩との試合で勝って恩返しする。OBに仕事のことを聞く。	％

テーマ（バスケも勉強もディフェンス一本）の達成度：　　％

		達成目標	行動計画	評価／満足度
4年生	前期	就職先を決める。	企業研究をしてバスケが強い会社を狙う。スーツを着こなす。	％
	夏休み	内定もらう。	内定取ったら思い切り遊んで一生の思い出に残る最高の夏を過ごす。	％
	後期	卒業する。	卒論頑張る。単位落とさない。人見さんと一緒に卒業する。	％
	春休み	卒業旅行	人見さんと卒業旅行でNBAを観に行く。	％

テーマ（仕事も恋も第4クオーターで決めろ）の達成度：　　％

第Ⅱ部

くらし編

くらしの舵取りとわたし

　この章では、大学生のあなたが知っておくと役立つ"くらし"にまつわる諸問題について中心に取り上げます。そのことを通じて生活者としての"わたし"を少しずつ意識して形作っていただくことを願っています。

　高校生までのみなさんのくらしの舵取りは、周囲の大人がやってくれました。大学生になると、自分の手で自分のくらしを少しずつ舵取りするようになり、社会人になると、さらにずっと自由な舵取りができるようになります。高校生までは船の乗組員、大学生は練習船の船長、社会人になると船長、といったところでしょうか。いきなり大海原で自由に航行するのではなく、少しずつ練習することも大切です。

　アルバイトをしてお金を稼いだり、料理を作ってみたり、一人ぐらしをはじめたり、奨学金を借りたり、少しずつ自分の物を買ったり、売ったりすることも練習のひとつでしょう。大人として人生の舵取りを自由に行うその前に、大学生のうちに、舵取りの際につまずきやすいポイントを知っておくとあとで役に立ちます。たとえるならば出港前に身に付ける海や気象や船の知識です。それらを知ることで、ほどよく安全で、有意義な航海が可能になるからです。

　さてここからは「ケース・スタディ方式（事例研究）」で学びを進めていきます。6人の登場人物のエピソードとともに、事例の提示、あなたへの問い、事例の解説、対応策、予防策などの紹介を順に行います。例示する事例をご自分の知り合いだと想像しながら読み進めてみてください。あなたはひとりの友人として、その場でどのように考え、どのように対処するでしょうか？

第 3 章
入学後すぐの悩みごと

1　入りたかったのはこの大学？：不本意入学

いまではすっかり大学生活を楽しんでいる森野晴香さんですが、実は1年生の頃、すごく考え込んでいることがありました。

人見知世：ハルハル、最近あんまり授業に出てないみたいだけど、どうしたの？

森野晴香：授業は楽しいんだけど、周りを見てると、私の人生なんだかなーって。

人見知世：えっ、ノリが合わないみたいな？

森野晴香：うーん、そうじゃないけどヒトちゃんはこの大学どう思う？

人見知世：どうって。気に入ってるよ。来てよかったと思う。第一志望だったし。

森野晴香：そう〜。実はね、わたしホントはA大の獣医学部に行きたかったんだけど落ちちゃって。浪人は経済的に無理だったから受かったここに来たんだけど、第一志望で入学した子たちを見てるとうらやましいし、やっぱり授業も興味とぴったり合うことはなくて。

人見知世：そっかあ。理系は授業多いし大変だよね。就職はいいって聞くけど。

森野晴香：就職まで4年もあるから実感ないんだよね。あーあ。仮面浪人って大変なのかなあ。

✏️ あなたがこの大学を目指した理由は？

```
┌─────────────────────────────────────┐
│                                     │
│  ─────────────────────────────────  │
│                                     │
│  ─────────────────────────────────  │
│                                     │
│  ─────────────────────────────────  │
│                                     │
│  ─────────────────────────────────  │
│                                     │
└─────────────────────────────────────┘
```

不本意入学とメンタルヘルス

　多くの場合、大学やサークル、アルバイトなどで新しい友人関係ができたり、大学の講義に興味をもったりすると、次第に大学生活になじんでいきます。1年も経つと「自分の大学」と思えるようになったりするようです。しかし、入学後しばらく時間が経っても、本人が悩む状態が続くこともあります。このような状態を不本意入学といいます。森野さんのように、周りから見ると大学生なのですが、本人の心の内側ではいまだに受験生のままであり、大学生活を楽しむ自分を認めにくい状態の人もいます。

不本意入学の5タイプ

　不本意入学は次の5つのタイプに分類されています（鈴木ほか，2002）。

①第　志望不合格型
②合格優先型（合格可能性を追求して受かりやすい大学に入学）
③就職優先型（自分の興味・関心よりも就職の有利さを優先して入学）
④家庭の事情型（「自宅から通学できる」「学費が安い」など地理的・経済的事情を優先して入学）
⑤学歴目的型（勉強には特に興味がなく、「親にすすめられて」とか「就職できなかった」といった理由で進学）

不本意入学は、大学1年生の早い時期に、学生にとってメンタルヘルス上の大きな課題となりえます。知り合いを作ることにも積極的になれず、5月の連休を過ぎても一人で講義を受けていたり、あるいは、友人ができたとしても講義内容にまったく興味がもてず学習意欲がわかないことが続くと、次第に休みがちになったりすることもあります。

新しいステップへ

新しいステップへと進んでいくことは、過去の自分を一部喪失することといわれています。進路変更して新しい領域の学問を選択すること、第一志望の大学を諦めてほかの大学を選択することなど、不本意入学の解消は、当初は望んでいなかった選択をどのように受け入れていくかのプロセスであり、それは喪失の心理と似ているのです。人によっては、軽い抑うつ感をともなうこともあり、周囲のにぎやかさは、本人が孤独を実感する刺激になります。ひとつの選択をすることは、ほかの可能性を捨てることでもあり、その喪失を受け入れられないとメンタル不調にもなりえます。

自分を見つめよう

もし、不本意入学の状態が長く続き、どうしても今の大学に所属感が持てない、あるいは、第一志望だった学問領域をどうしても学びたいという思いが拭えない人は仮面浪人を考えたりしがちですが、実際には浪人以外にもいくつもの対処方法が考えられます。大学内での転部や転科、単位互換制度を利用して他学部や他大学の授業を受けること、学士編入試験や大学院受験などです。大学によって、また学問領域によってさまざまな方法があるので、情報のアンテナを広げてよく確認しましょう。

不本意入学との思いが続くのでしたら、まずは何が自分にとって不本意なのかをよく理解する必要があるでしょう。よくよく考えて次の選択をしないと、たとえ新しい大学に入学しても、もう一度、「こんな大学来たくなかった」との思いが浮かぶかも知れません。大学の偏差値を基準とした不本意入学からく

る学歴コンプレックスであったり、あるいは、親の意向で入学したことへの反発心からくるものであったりすると、いくら大学を変えても、根本的なところは解消されないからです。

　自分がなぜ不本意に感じているか、それ自体が霧に包まれたようにわからなくなってしまったら、所属する大学に担任制度があるなら担任の先生に相談したり、学生相談室を訪れるのもよいでしょう。

2　大学に足が向かない：ひきこもり・アパシー

GW明け、ひさしぶりに教室でいつものメンバーが集います。ですが、今池爽太君の姿が見当たりません。

森野晴香：シュウシュウ、元気だった？また日焼けしたんじゃない。大学の農園にアロマときゅうりあるよ。

松山修造：バスケの夏合宿で焼けたんだ。きゅうり？食うと日焼け止めになるの？

森野晴香：顔に貼るといいんだよー。あれソウタさんは最近一緒じゃないの？

松山修造：ソウタさん、夜遅くまでバイトばっかりやっているみたいで来ないんですよ。でも不思議と単位はあまり落とさないらしいっす。自分はバスケが楽しくて毎日大学来てるけど、授業はギリギリしか出てないし、課題忘れで単位も落としちゃうんだよね。

森野晴香：あなたたちは卒業できればいいんでしょ。それにしても、あの１年の時一緒だったAさん、全然見かけないね。どうしちゃったんだろう？

　Aさんはまじめで成績優秀な高校生でしたが、希望校の試験日に風邪をひいてしまい受験に失敗し、浪人も考えましたが第二志望の私立「緑が丘大学」に入学しました。大学１年の前期は授業に出席し、単位を取得したのですが、後期の演習系科目で個人発表の日に休んでしまったことをきっかけにその授業の履修を諦めてしまいました。

　次第に大学にも来なくなり、単位不足で留年してしまいました。心配した友人たちがSNSでメッセージを送ったのですが、返事がありません。それでも

くりかえしメッセージを送ったり電話をしたりすると、メッセージをブロックしたり着信拒否の設定になったりして、連絡すら取れなくなってしまいました。

🖉 もし、Aさんがあなたの知り合いだったらどうしますか？

不登校と社会的ひきこもり

　不登校は今や一般的に使われる日常用語です。しかし、厳密には大学生が大学に来なくても不登校とは呼びません。不登校は小・中学生、つまり児童や生徒が連続または断続して年間30日以上欠席し、「何らかの心理的、情緒的、身体的あるいは社会的要因・背景により、児童生徒が登校しないあるいはしたくともできない状況である（ただし、病気や経済的な理由によるものを除く）」と定義されています。

　大学生の場合はより広い概念である「社会的ひきこもり」が該当するでしょう。早くからこの問題を取りあげてきた精神科医の斎藤環氏は20代後半までに問題化し、6か月以上、自宅にひきこもって社会参加しない状態が持続しており、ほかの精神障害がその第一の原因とは考えにくいものと定義しました。この背景には序章で述べた、青年期の発達課題であるアイデンティティの確立の困難を抱えた状態があり、思春期の葛藤が続いていると考えられています。

スチューデント・アパシー

　アパシーとは、意欲がなく無感動な状態を意味します。大学入学まではまじめで多くは学業成績もよかった人が、大学入学後に学業上のささいなきっかけから急速に勉強への意欲を失い、大学を休みがちになり留年を繰り返して、結

果、退学してしまう学生たちのことをスチューデント・アパシーといいます。大学には来ないのですが、アルバイトや趣味には熱中している人もいます。

単なる怠けで大学に来ないことを「怠学」といいますが、スチューデント・アパシーは単純な怠学とは言いにくいのです。しかし、出席をせず、試験も受けないために単位が取得できず、留年を繰り返すなどの「滞学」の状態から、在籍年限を過ぎて「退学」に追い込まれてしまうこともあります。

専門家に相談してみよう

ひきこもりが長く続いている学生やスチューデント・アパシーの状態にある学生は残念ながら、そもそも大学に来ること自体が困難です。また大学は、義務教育ではなく、学ぶかどうかの選択は学生本人に委ねられています。不登校の小・中学生の場合、時に担任が家庭訪問をすることもあるでしょうが、大学生のひきこもりの場合、家庭訪問は重要な支援方法のひとつではありますが大学が行うのは難しいのです。ひきこもりに特化した専門的な第一次相談窓口である「ひきこもり地域支援センター」が都道府県や政令指定都市に設置されているので、本人や家族にはまずはそこを紹介するとよいでしょう。

また大学に復帰し、学業を再開するにあたっては、学生相談室に相談することが大きな支えになります。いずれにしても長くひきこもっていたり、アパシー状態が続いていると、焦りや劣等感などが強くなることが多いので、学生本人の支援にあたっては、ひきこもりやアパシーの原因を追究するのではなく、まずは傷ついた自信を回復させることが必要です。

学業上の「ささいなつまずき」に大きなショックを受けたり、無気力が続くことに自覚があるようならば、不本意入学と同様、早めに学生相談室などに相談できるとよいでしょう。しかし、本人はその自覚が難しい場合も多いのです。休みがちな友人に気付いたらSNSなどを通じて個人的に心配していることを伝え、時機を見て学内外の相談先を紹介すると効果的です。ただし、なぜ大学に来ないのかなど、原因をたずねるのは有効ではありません。友人への連絡方法それ自体を学生相談室で相談してみることもひとつの手段でしょう。

第Ⅱ部　くらし編

3　居場所がみつからない：友人関係

今日は授業が休講になったので一色高志君、今池爽太君、松山修造君といつもの男子メンバーが学食で団らんしています。

今池爽太：高志さん、この前のノート見せてもらってもいいですか？
一色高志：ソウタは自分でノートとった方がいいよ。これは貸さない。
今池爽太：俺、大学に知り合い少ないんですよ。舞華もこの授業取ってないし。ダメかぁ。
松山修造：ソウタさん、自分、先週のノート持ってますよ。見ます？
今池爽太：悪いけどシュウシュウの字は汚すぎて読めないし、途中で寝てるから、最初の方しか書いてないだろ。ほかにノート借りれる人いないんだよな。どうしてみんな、大学でそんなに知り合い多いの？
一色高志：僕は内部進学だから、高校の同級生が多いだけだよ。
松山修造：自分はやっぱり体育会のつながりっすね。
今池爽太：俺やっぱり、1年の最初に彼女じゃなくて、もっと友達作ればよかった。
松山修造：ソウタさん、それ自慢入ってますよ！

✏️ あなたが大学で知り合いを作ったきっかけは？

大学で一生の友人と出会う

　大学で出会う友人は、卒後数十年経過しても交流が途絶えない一生の友人になることがあります。多感な青年期を共に過ごし、互いに語り合い、ぶつかり合いながら、アイデンティティを形成していく仲間でありライバルでもある、貴重な存在です。就職先での仕事のストレスや、結婚の喜び、子育ての悲喜こもごも、そして自分の病気や親の介護など、人生のさまざまな局面で、会社の仲間とはまったく異なるフラットな関係でいつも交流が持てる仲間。それが大学で出会う友人です。みなさんも、良き出会いに恵まれてほしいと願っています。

　心理学の研究によると、人が親密になりやすい要因として、接触する機会が多いこと、お互いに似ている点が多いこと、自分のことを打ち明ける（自己開示する）ことなどが挙げられています。

　高校までは、クラスという単位が与えられて人と共有する時間も長く、教室という空間も定まっており、親密になりやすい環境になっています。ところが大学は、自分で履修する授業を選ぶので、必修科目以外は皆バラバラに授業にでることになります。大講義室があったり席が決まってなかったりと、高校までとは違い、自然と知り合いになることは難しい環境です。高校までと似ているのは、医学系・看護系など一部の専門職を養成する大学で、しかも少人数制の大学だけではないでしょうか。

　大学で新たな知り合いを作るには、自ら積極的に声を掛けたり、連絡先を交換したりすることが求められます。とはいえ、自分から声を掛けることが苦にならない人もいれば、人から声を掛けられて知り合いを作るタイプもいるでしょう。声を掛けられるのを待つタイプの人は入学時に苦労することがあります。

　また付属高校があって内部進学者が多く、彼らが「内輪ネタ」で盛り上がっていると、外部生は強く取り残された感じを受けることがあります。反対に、内部生からすると、外部生は遠巻きに見ているだけで、ノリが悪く感じられるようです。

そのほか、推薦により第一希望で入学した人と、一般入試などで入学したものの第一希望ではなかった人の間にも内部生と外部生のズレのようなことが生じることがあります。最近は早めに合格した推薦入学者同士がSNSを通じて入学前から知り合いになっていることもあるので、推薦入試以外の人たちが入学時に取り残された感じを受けることもあるようです。

ガイダンス、オリエンテーション、フレッシュマンキャンプ

かつての大学は、新入生が友人関係を築こうが、まったく知り合いがおらず一人ぼっちで授業を受けていようがお構いなしでした。最近では、新入生が友人関係を作れるように、大学に居場所を持てるように、さまざまな機会でサポートする大学が増えてきています。それが新入生ガイダンスやオリエンテーション、フレッシュマンキャンプといったイベントです。

授業が始まる前や始まってすぐの段階に、時間的にも空間的にも新入生同士で過ごすようなイベントを作り、お互いに知り合う機会を設けています。この時、ゲームをしたり、スポーツをしたり、全然知らない人と大部屋に泊まったりなど、ミニイベントが発生しますが、ここで恥ずかしがらずに参加して欲しいのです。いや、恥ずかしがりながらも参加して欲しいのです。最初のつながりが持てるチャンスだからです。自分とは違うように見えた内部生や外部生、あるいは推薦組や一般入試組のなかにもあなたと気が合いそうな人はたくさんいるかもしれません。まずは顔見知りをつくりましょう。

入学当初の大学生は、実はいつもと違うテンションで人と接していることが多いのです。だからこそ、いわゆる5月病といわれるように1〜2か月もすると無理が祟って調子を崩したりもするのです。少し高揚し過ぎていたり、身構えすぎて固くなりすぎている証拠です。そんな状態で最初は知り合い、徐々に自分らしい付き合いをしながらお互いに成長してくのが、大学生の時代の友人関係といえるでしょう。

後期に気付くと、仲の良いグループのメンバーが入学当初に知り合った人とはすっかり入れ替わっていることもよくあることです。それで全く問題ありま

せん。入学当初に知り合いができず、大学から足が遠のくよりは、いつもとはちょっと違った自分が、いつもなら出会わないひととつながり、顔見知りになることだけでもあなたの財産になるでしょうし、新たな自分に気付くチャンスになるでしょう。

第4章
キャンパス内でのハプニング

1 授業に間に合わない！：通学中の事故と保険

人見知世さんはいつも英会話の授業を井伊谷舞華さんと一緒に受けています。もうすぐ先生が来そうなのに、めずらしく舞華さんが来ていません。すると、電話がかかってきました。

井伊谷舞華：もしもしヒトちゃん？わたし。今ね、事故っちゃった。チャリだけど。

人見知世：え！舞華、大丈夫？

井伊谷舞華：今朝寝坊しちゃって大好きな授業だから、慌てて自転車飛ばしてたら、小学生が鬼ごっこしてて、ありえないでしょ。道に、飛び出して、わたしよけたんだよ。ヒトちゃんに見せたかった。すごい運動神経かも。わたし。神ワザかも。英語の先生に「今からでも井伊谷さん授業に来ます」って伝えて、足痛いけど、大丈夫だし、絶対に行きますって。

人見知世：舞華、落ち着いて。ちょっと早口で……。

井伊谷舞華：ヒトちゃん、わたしの言ったことわかった？ Do you understand？ 痛たぁ……ouch……

人見知世：舞華、本当に大丈夫なの？授業は無理しなくていいよ。ケガしてないの？（興奮して聞いてないみたい。どうすればいいんだろう？）

✏️ もしあなたが舞華さんからの電話を受けたら、彼女の状況をどのように理解しますか？

```
_____
_____
_____
```

通学中の事故

　日本国際教育支援協会によると、通学中の事故でもっとも多いのは自転車で、次いで、原付、徒歩、バイク、自動車の順になっています。具体例として、原付で通学中にスリップし転倒した際に骨折したケース、あるいは自転車同士で衝突して相手に怪我を負わせたため保険金を支払ったケースなどが報告されています。

　交通ルールを守ることで通学中の事故のリスクを減らせる可能性があります。しかし、同協会によると、通学中の電車内で足を踏まれて骨折する例なども報告されており、ルールを守っていたからといって事故がないわけではありません。やはり生活している以上、一定程度の事故のリスクはあると考えておく必要があります。

　闇雲に怖がって生活範囲を限定する必要はありませんが、一定のリスクを想定し加入中の保険の補償内容を確認したり、生活範囲に応じて追加で保険に加入したりするなど自分でできる備えをしておきましょう。

自転車事故への対処

　自転車が道路交通法で自動車と同じ車両であり、具体的には軽車両としての交通ルールを守らなくてはならないことは、あまり知られていません。自動車運転免許を取得した人は道路交通法を学んでいるでしょうが、それ以外の人は警察庁のホームページなどで一度、勉強するとよいでしょう。

第Ⅱ部　くらし編

　交通事故発生状況の統計によると15歳から24歳までの思春期・青年期の年代は、自転車乗用中の負傷者数（10万人当たり）がほかの年代と比べると相対的に多くなっています。
　事故を起こしてしまったら、あるいは事故に遭ってしまったら、次のような手順を参考に落ち着いて対処することが推奨されています。

①ケガ人の救護　相手にケガさせてしまったら、ためらわずに救急車を呼びましょう。あなたがケガをしたら、救急車を呼んでもらうなど、あなた自身のケガへの対応を最優先する必要があります。

②道路上の危険防止　二次災害防止のために、自転車を安全な場所に移動させます。後続する車との衝突をさけるためにも必要な対応ですが、あなたにはできない状態だったら、通行人にお願いしましょう。

③警察への連絡　警察への届け出がないと「交通事故証明書」が発行されないので、保険金が支払われない場合があります。ためらわずに連絡しましょう。

④事故状況の確認　事故の相手方の名前、住所、連絡先などを確認し、簡単な事故状況メモをつくりましょう。

⑤損害保険会社への連絡　保険加入していることが前提ですが、保険会社に連絡すると事故対応の専門家が対応してくれるので確実です。

⑥事故当事者の家族や友人、大学への連絡　以上の手続きを終えた段階で、警察や保険会社の助言を受けながら関係者や所属先の大学などに連絡しましょう。

学生が入る保険（学生教育研究災害傷害保険：学研災）

　あなた自身が自転車通学中にケガをしてしまった時、条件によっては学生教

育研究災害傷害保険のサポートを得ることができます。ただし、大学が禁止している交通手段で通学している場合は、保険の対象外となるので、大学の窓口で学生教育研究災害傷害保険の加入状況を確認するとともに、学則で決められている交通手段を確認しておきましょう。

　また最近は、自転車事故の加害者になった場合、高額の賠償金を請求される判例が出ていることから、たとえば埼玉県や京都府、名古屋市、相模原市などのように自治体によっては自転車損害賠償保険などへの加入を義務付けているところもあります。事故を起こさないこと、巻き込まれないことが一番よいのですが、事故は誰にでも起こりうるリスクであるので、加害事故を起こした時に補償できるように保険加入を検討しておきましょう。

　折に触れて、自転車の交通ルールや学則などを確認し、安全で快適な通学を心がけてください。

2　財布を盗まれた？：キャンパス内での盗難被害

アルバイトにバスケ部にといつも忙しくも充実したキャンパスライフを送っている松山修造君。今日は電車が少し遅れたので、ギリギリに講義室に到着しました。

松山修造：よかったぁ、ギリギリ間に合ったあ〜。あ、高志さんもこの授業取ってるんですね。悪いっすけどリュック見てて欲しいです。自分、ちょっとトイレ。こっちもギリギリっす！

一色高志：僕もトイレ行こうと思ってたんだ。シュウシュウはリュック置いたままでいいのかい？

松山修造：大丈夫ですよ。この席キープするから置いときます。自分、後ろの席が良いんです。終わったらすぐに教室出られるんで、学食までダッシュできます。

松山修造：やっと終わった。すげぇ寝ちゃった。あ、高志さんあとでノート見せてください。よしメシだメシ。パスタ特盛食おうかな。高志さん3号館の学食行きましょう！

一色高志：シュウシュウはいつも炭水化物ばっかり食べてるね。

松山修造：（レジにて）あれ？？財布ないな、さっきはここにあったのに……ごめんなさい、高志さん、500円貸してください。財布なくしました。

第 4 章　キャンパス内でのハプニング

✏️ あなたは松山君にどんなアドバイスをしますか。

```
_____

_____

_____
```

キャンパス内の盗難被害

　少々慌てものの松山君がどこかで財布を落としたのか、それとも目を離したすきに盗難被害にあったのかはわかりませんが、まずは落とした場合を考えてみましょう。その場合、大学の学生課や学部・研究科などの事務室などに行って遺失物・拾得物として届けられていないか確認する必要があります。大学は一定期間、遺失物・拾得物を保管し、その後、処分をしたり、ものによっては所轄警察署に届けたりしています。

　次に盗難の可能性を考えてみましょう。大講義室のしかも出入口に近いところに置いてある貴重品はキャンパス内であっても盗難のリスクがあります。学生が授業後、学食に向かいやすいのが出入口の席ならば、犯人にとっても脱出経路が確保しやすいのが出入口付近の席になるからです。

　残念ながらキャンパス内での盗難は結構あります。わずかな時間に財布が盗まれたり、自転車が盗まれたり、高価なパソコンの盗難なども多いのです。また、キャンパス内には、学生や教職員だけでなく、警備員や学生食堂のスタッフ、清掃員、教育に関わる業者の方や、公開講座を受けに来る地域住民、学術学会や研修会のために来校した専門家集団などなど、多種多様な人が出入りしています。単位互換制度があれば、近隣の大学の学生も出入りすることでしょう。

　このように高価な金品が沢山あり、しかも多くの人が出入りできるキャンパス内は、たとえ警備員がいたとしても、当然、盗難などの犯罪のリスクはあります。大学生は高校生までと異なり、現金や貴重品を持ち歩く機会も多いので、

よりリスクは高くなるでしょう。

盗難に遭わないために

　多くの大学ではパンフレットやホームページなどで盗難の被害に遭わないように注意喚起していたり、盗難に遭った場合の対処を示したりなど情報提供をしています。図書館や講義室であっても、半ば公共の場と同じように、貴重品は常に身につけ、わずかな時間であっても目を離さないようにすることが盗難に遭わないための基本となります。

　不幸にして盗難の被害に遭ってしまったら、学生課など大学の窓口に連絡するだけでなく、大学の最寄りの交番（警察署）に被害届を出す必要があります。紛失した日時と場所、その時の状況をメモに残しておきましょう。現金や商品券、クレジットカードだけではなく、学生証、保険証、免許証など、財布には重要な個人情報も詰まっていることが多いでしょう。盗難被害の可能性が高いと考えたら、クレジットカードの悪用や個人情報の流出といったさらなる被害を避けるためにも金融機関やカード会社に早めに連絡をしましょう。

　また最近では、携帯やスマートフォンの盗難も増えているため、個人情報保護という観点からも、十分に注意することが必要です。

第4章　キャンパス内でのハプニング

3　無断でネットに自分の写真が！：SNSの問題

一色高志君と今池爽太君が学食で話をしています。

今池爽太：この前、高志さんを動画サイトで観ました。なんで皇居を走ってたんすか？
一色高志：皇居を走るマラソン大会に出たんだ。オバマとかビルゲイツとか、仕事の合間に走るんだって。丸の内で働く人も走るらしいんだ。
今池爽太：へぇ〜。でもなんで、動画サイトに出てるんですか？　すっげぇ苦しそうでゴールしたら倒れてたんで驚きました。
一色高志：僕も知らなかったんだけど、マラソン大会の規約を後で読んだら、大会時に撮影された映像の肖像権は大会運営者サイドにあるらしいんだ。僕はタイムを狙ったからこそゴール前で苦しくなったんだが、肖像権が向こうにあるなら、もう少しビジュアル的に……
今池爽太：ごめんなさい。高志さん、言っていること難しくてわかんないや。俺もこの間、似たようなことがあって。バイト先にハマってるお笑い芸人さんが来て、お願いしたら写真一緒にとってくれたんです。すごくいい人で、SNSにアップしても全然いいって言ってくれて。
一色高志：へぇ、そんなことあるんだ。
今池爽太：そうなんですよね。でもやっぱり悪いと思ってアップしなかったのに、次の日、親にばれました。母さんがその芸人さんのフォロワーだったんです。芸人さんのSNSに俺が映ってて。びっくりしました。大学さぼってるのがばれて怒られて。ネットリスクってやつです。

第Ⅱ部　くらし編

一色高志：芸人さんはアップすることソウタに断らなかったの？
今池爽太：あの時、「君、もういいかい？」って言われたんで、食事中に邪魔しちゃって悪かったと思って、あ、ハイって言って、仕事に戻ったんです。今思うとあの人「君も　いいかい？」って言ってたらしくて、俺、アップロードを許可したことになってました。

✎ あなたが普段、SNS を使っていて不思議に感じたことや、ヒヤッとしたことを書いて下さい。

利便性とリスクの両方を知ろう

　インターネットや SNS（Social Networking Service）は非常に便利であり、大学生が学業を進めるためにも、また学生生活を送る上でもなくてはならない存在になりました。

　研究論文や専門書を調べる時に、論文検索サイトや図書館のホームページの蔵書検索機能を使うと便利です。就職活動をする際にも、進学先の大学院を選ぶ際にも、企業や大学院のホームページの情報をまず参照し、それからその情報について実際の雰囲気を確かめるために説明会に参加すれば、体当たりで数をこなすよりも効率的です。企業の人事部の人や、大学院の先生に会う時も事前にメール連絡をすることができます。

　学業や就職活動に限らず、大学内外で知り合いを増やしたり、アルバイト先

での仕事を円滑にしたり、人間関係を維持したりするのにSNSを活用する機会は増えています。情報の発見や共有、友人関係を広げたり、関係を維持、進展させたりするためにSNSの持つ可能性は大きいのです。

インターネットやSNSはもはや学生生活に不可欠な存在であるだけに、その利便性に注目するだけでなく、リスクについてもよく知っておきましょう。

過度な没頭に注意

インターネットやネットゲームあるいはSNSへの依存により学業や日常生活に悪い影響が出ることがあります。大学の授業中でも、机の下でスマートフォンを操作している学生がいるのですが、実は教壇からはとてもよく見えています。飲食店で隣に座りながらお互いに別の人と交流している光景も見かけます。目の前に実在する生身の人間よりも、インターネットやSNSを経由した間接的な人間関係に注意が向きがちだとすると、依存の度合いは高いといえるでしょう。

自分が依存していると感じたら、「ネット断食」「スマホ断食」をしてみましょう。一定期間食事をとらない断食と同じように、スマートフォンやインターネットを丸1日まったく使わないでいると、日頃の使い方を見直すよいきっかけになるでしょう。

ネットリテラシーの不足

リテラシーとは、その時代を生きるために最低限必要とされる、素養のことです。今の時代ですとインターネットやSNSを使いこなすための能力となりましょう。

よく理解しないままに使っていると、ウィルス感染や個人情報の漏えいの被害にあったり、デマや情報源の怪しい情報を信じてしまい、良かれと思って発信して人や組織に損害を与えてしまうこともあります。たとえば、大きな災害の後に、SNS上のデマ情報を信じてしまい、人助けと思ってほかの人に拡散して、混乱を助長するようなことです。

SNSはSocialなメディアです。つまり、そこは社会そのものでもあります。しかもSNSは忘れてくれないメディアでもあるのです。過去の失敗は普通、水に流すことができ、次第に忘れ去られるのですが、SNS上の過去の失敗は消えません。

匿名性が完全に守られると思っていても、実はくわしい人が検索すれば匿名の情報から簡単に本人に到達することも可能です。

情報の質についても、知り合いからの善意の情報がほとんどである、と考えるのではなく、ネットやSNSの情報の質は玉石混交であり、主体的に取捨選択が必要な社会的な場であると考えることが必要です。

想像力や社会性の不足

親しい友人同士でやりとりする際の書き方で大学の先生や企業の方に連絡してしまい、社会的なマナーを守ることができず相手を不快にさせてしまうことがあります。身近な人とのおしゃべりのつもりで書いた悪口が本人に伝わってしまって傷つけることもあります。また、社会規範や法律に反することを書いて大騒ぎになる、いわゆる炎上のリスクもあります。

インターネットでつながる相手もあなたと同じく社会生活を営む生身の人間であり、インターネットも現実社会の延長線上にある社会そのものです。インターネットやSNSの向こう側にいる人を常に想像しながら、人に対する礼節を保ちつつ情報の送受信をしましょう。

第 5 章
災害時の対応と備え

1 台風接近中！講義はあるの？：悪天候時の対応

森野晴香：またレポート課題忘れてた。レポートの記憶を想起するきっかけが夜とすると、忘却するきっかけは……なんてこと考えてる場合じゃない。も〜、気付くんじゃなかった〜。明日は朝から実験のマウスたちのお世話しなくちゃなのに〜。……あ、いけない、テレビ点けっぱなしだ。え、明日って雨なの？？

テ レ ビ：大型の台風12号は進路を大幅に変えて、勢力を拡大しながら北北東に進んでいます。明日の昼前には関東地方に上陸の予定です。厳重な注意が必要です。

森野晴香：そういえば大きな台風が来るって……え？上陸？？　え、やだ、"大型の台風接近に要注意"って、スマホも言ってる……わたし大学に行けるのかな？　そもそも、こういうときって大学って講義あるのかな？　SNSは返事来てないなぁ。えー、明日どうしよう。

✏️ もしあなたが森野さんだったら、まず何をしますか？

悪天候がもたらすキャンパスライフの非日常

　台風や大雪などの悪天候の影響により、学生の通学をはじめ教職員の通勤に支障をきたすと判断された場合には、危険を回避し安全を確保するため、大学が臨時休業になる場合があります。

　台風接近の場合を例にとると、大学が臨時休業またはすべて休講となった時点で、学生は通学をただちに中止し「自宅待機」することとなります。台風が遠ざかるまでの間は外出を控え、自宅で過ごしましょう。台風が通過した時点で「自宅待機」は自ずと解除となりますが、時間帯によっては、一部授業が再開となる場合もあるため、必ず大学のホームページ上の情報などを小まめにチェックしましょう。

　また大学が臨時休業ではないものの、自宅からの交通手段が乏しく、物理的に通学が難しい場合には、安全性を重視して自主的に通学を控えることも、場合によっては必要です。

正確な情報を収集しよう

　台風の接近がわかったら、次の点について確かな情報源から質の高い情報を収集しましょう。

①台風情報の収集

　テレビ、ラジオ、インターネットなどの情報端末を通じて、台風の進路予想の確認と、暴風警報や洪水警報などの気象情報が自分の居住区域および大学キャンパスの区域において発令されているかどうか、確認しましょう。

②交通情報の収集

　テレビ、ラジオ、インターネットなどの情報端末を通じて、自分の居住区域および大学周辺までの交通機関が問題なく運行されているかどうか、小まめに確認し、必要に応じて利用すること。悪天候により交通手段が途絶え、物理的に通学が難しい場合には、安全性を重視して通学を控えるほか、復旧を待って

から動き始めるといった臨機応変な判断が時には大切です。

③臨時休講等に関する情報の確認
　大学ホームページには多くの場合、緊急事態発生時の授業や試験等の対応についてのアナウンスが具体的に掲載されています。日頃から内容を確認しておくと、いざというときに慌てずに対応できるので、時間のあるときに目を通しておくことをおすすめします。また臨時休講や臨時休業の判断基準は、それぞれの大学によって異なります。たとえば近隣の大学が休講だからといって、自分の通う大学も休講かというと、そうとは限りません。必ず、自分が通う大学の正確な情報を集めて行動するように、心がけましょう。

注意事項あれこれ
　大雪や台風などの被害は大学や居所の立地や周辺の地形に左右されるので、その条件によって注意事項もいろいろとあります。まずは大学や自宅周辺の特徴を知っておくとよいでしょう。

①指定された避難所の場所の確認
　近隣の小中学校などの掲示板に、指定された避難所であることを示す情報が書いてあります。日頃から見ておくとよいでしょう。また自治体のホームページ等にも指定避難所などの情報が出ているので参考になります。

②床上・床下浸水を防ぐための土嚢（砂袋）の準備
　水害などの自然災害で欠かせないのが、土を袋に入れた「土嚢（どのう）」です。玄関、勝手口、掃き出し窓など、浸水しやすいところに置くだけで、浸水をある程度防ぐことができます。自治体によっては、区・市役所等で配布されることもあるので、ホームページなどで確認するとよいでしょう。また、ホームセンターなどで購入することもできるので、必要な人は参考にしてください。

③河川の水位上昇や氾濫などは、絶対に見に行かないこと
　水の勢いやスピードの速さは、時に私たちの想像をはるかに超えます。自然を軽く見ないことが大切です。たとえ普段から見慣れている場所であっても、悪天候下では状況は一変し、ひとたび川に落ちれば助からない可能性も高いのです。まずは自分の身を守り、好奇心で動かないよう心がけましょう。

④豪雨により道路が冠水している場合はとても危険
　増水によりマンホールの蓋（ふた）が押し流されて、歩いていた人がマンホールに落ちてしまうといった事故も実際にありました。冠水で見えなくなっている分、側溝や蓋なしマンホールにはくれぐれも注意してください。やむを得ず冠水個所を移動する場合は、傘などで地面を探りながら移動しましょう。

⑤浸水予想区域・土砂災害の危険個所
　自治体によっては台風や集中豪雨によって浸水が予想される区域や土砂災害の危険個所の情報をホームページ上に掲載しています。あなたの自宅がこれらに該当しているのか一度確かめてみるとよいでしょう。

　悪天候時は、講義があるのか、ないのかに関心が向きやすいのですが、このところの気候変動を考えると、まずはあなた自身の身の安全を守ることが先決です。そのためには信頼できる情報源からの正確で新しい情報を収集することと、日頃からの準備が大切なのです。

2 大地震がきた！？：震災時の対応

本日最後の講義がもうすぐ始まります。受講生は100人以上、いつも賑わっています。

一色高志：やあ。ハルハルもシュウシュウも、もう来てたんだ。今年の学園祭、どうする？
森野晴香：今年も農学部で育てたモチ米で何か作りたいのですけど、この前の台風でやられちゃったからどうなるかわかりません。
松山修造：去年、農学部のモチ食いました。磯辺焼きとお雑煮、スゲー美味かったです。
一色高志：炭水化物 on 炭水化物……か。

ピロンピロン！ピロンピロン！
ジシンデス　ツヨイユレニ　ソナエテクダサイ
ブブブブ　ブブブブ　ブブブブブ

学生のスマートフォンが一斉に鳴り出しました。緊急地震速報です。教室中に一気に緊張が走り、騒然としています。

松山修造：地震だ！逃げよう！
一色高志：シュウシュウ、待って！でも、どうすれば？
森野晴香：二人とも、落ち着いて。あ、先生、来た！
先　　生：みなさん、落ち着いてください。ホ〜、かなり揺れてますが、大学の建物は安全です。とにかく机にもぐって、頭を守りましょう。

第Ⅱ部　くらし編

🖉 あなただったら、まずどのような行動を取りますか。

地震発生時の基本行動

　2011年の東日本大震災以降、緊急地震速報を受け取る機会が増えたのではないでしょうか。速報の直後に実際に大きな揺れが来たり、反対に小さな地震だったのでホッとしたりした体験もあるでしょう。

　講義中に災害が発生した場合は、教員の指示に従う必要がありますが、教員も人間です。動揺して適切な指示を出せないこともありますし、不在になることもあります。地震の瞬間は適切な判断が難しいので、まずは地震発生時の基本的行動を理解して、自分自身で自分の身を守りましょう。

　まず「落ち着いて」と自分に声をかけます。あわてると判断を誤るからです。最優先で自分の命を守り、生き延びるために落ち着く努力をすることが大切です。

　最近では多くの大学が防災マニュアルなどを作り、学生に対して地震の時にどのように行動すべきか、その基本を伝えています。ここでは筆者らの大学で学生に配布している「学生生活の手引き」の情報を一部紹介しましょう。

　以下の説明は多くの大学でも参考になると思いますが、大学によっては海沿いにあったり、教室内に多くの機械や薬品などがあったり、あるいは実習先で患者さんや児童・生徒と接している時に地震に遭ったりすることなども考えられるます。そのため、自分の大学や実習先など、それぞれの組織が作成している防災マニュアルを一読しておくことをおすすめします。

第 5 章　災害時の対応と備え

教室や食堂にいる時	・机やテーブルの下に身を隠し、かばんや衣類などで頭を保護してください。 ・机やテーブルが可動式の場合は、机の脚をしっかりつかんで離さないようにしてください。 ・窓ガラスの飛散を防ぐためにカーテンを閉めてください。 ・揺れがおさまったらドアを開放し、出口を確保してください。 ・落下や転倒などの恐れのあるものから離れてください。
実習室や実験室にいる時	・目の前で火を使っていた場合や揺れが小さい場合は、すぐに消すようにしますが、身を守ることが優先です。 ・揺れが激しい場合は、揺れがおさまってから火の始末をしてください。火が出なくてもガスの元栓は確実に閉めてください。 ・油類、化学薬品などの火災の発生しやすいものは手早く安全な場所に格納してください。
階段にいる時	・あわてて降りようとしないで、かばんや衣類などで頭を保護し、その場にかがみ込んでください。 ・余裕がある場合は、引き返すか、登りきるかして踊り場まで行き、端によってうずくまり、持っているかばんや衣類などで頭を保護してください。
廊下にいる時	・窓ガラスが飛散したり、壁が崩れる恐れがあるので、窓際には近寄らず近くの教室に避難して、机の下にもぐってください。 ・近くに教室がない場合は、照明器具などの落下の恐れがあるものの下から離れ、かばんや衣類などで頭を保護し、かがみ込んでください。
エレベーター内にいる時	・地震だと感じたら、すぐに各階のボタンを全部押し、停止した階で降り避難してください。 ・中に閉じ込められてもあわてず、インターフォンで外部と連絡をとり、復旧救出を待ってください。 ・復旧救出まで安全に待機できるよう、エレベーターチェアが設置されています。
避難が必要な場合は	・教職員が指示を出しますので、必ず従ってください。 ・出口に殺到せず、負傷者・障がい者を優先的に誘導し、順序よく避難してください。 ・隣の教室なども含め、全員避難したかを確認の上、ドアは開放したまま避難してください。 ・エレベーターは、閉じこめられる危険があるので絶対に使用せず、階段を使って避難してください。 ・停電した場合は、誘導灯を目印に落ち着いて避難してください。 ・周辺がパニックに陥りそうなときは、状況に応じた適切な指示を声に出してお互いに確認してください。

防災訓練

　年に何回か防災訓練が行われていますが、あなたは積極的に参加していますか。防災マニュアルを読んで知識として震災時の対応を知っておくことはとても重要です。それに加えて、実際に防災訓練で模擬的に体験しておくことも欠かせません。「知っていること」と「それを出来ること」の間には大きな壁があり、緊急時は「知っていること」を、そのうちいくつかでもできることがあなた自身を助けることになります。

　先に紹介した「学生生活の手引き」の情報も、読めばすぐに理解できるでしょうし、大学生ならば簡単に覚えられる程度の情報です。しかし緊急時にとっさに思い出して実践できるかというと、それははなはだ困難でしょう。やはり模擬的な訓練をしないと、知識を身体に覚えさせることはできません。

　防災訓練では照れてしまって友人とふざけたりすることもありますが、訓練は本番のように行い、災害時は訓練のように冷静にいられるよう、真剣に取り組みましょう。

第 5 章　災害時の対応と備え

3　もしもの災害に備えて：備蓄のススメ

地震の揺れがおさまりました。先生からアナウンスがあるようです。

先　　生：みなさん、先ほどの地震について大学から連絡が入りました。ホ〜……このあたりは震度4だったそうです。最上階なので結構揺れましたが、問題なさそうなので授業を始めましょう。

先　　生：はい、これで授業を終わります。みなさん、地震はいつ起きても不思議ではありません。大学にはたくさんの備蓄がありますが、みなさん自身も、日頃から水とか食料を備蓄しておくといいですよ。それから、非常時に持ち出す大切なものも日頃から考えて準備したホ〜がいいですよ。

松山修造：いやビビりました。自分、地震苦手なんですよ。

一色高志：我が家は、毎年、家族会議を開いて災害時の連絡方法とか、備蓄品の在庫管理をしているけれど、そういえば母に任せきりだったな。僕の大切なものはすべてタブレットにデータ化してセーブしてるが、クラウドにバックアップする必要もあるね。

松山修造：高志さん、日本語で言ってくださいよ。自分はボールとバッシュとユニフォームを絶対に持ち出します。

森野晴香：シュウシュウ、それ避難の邪魔よ。それにしても、自分のためには何をどの程度、準備して、最低限、何を持ちだしたらいいのかしら？

第Ⅱ部　くらし編

✏️ あなたが今備蓄しているもの、必ず持ち出したいものは何ですか？

あなただけの自分専用備蓄のススメ

　もしもの災害に備えて、貯金通帳や証明書、家族の連絡先（紙媒体）といった大切なものは、普段からまとめておきましょう。また、ある程度の日数（目安としては3日〜1週間）は自宅にあるモノだけで暮らせるよう、日頃から「備蓄」することを提案します。災害時の避難の種類には、大きく分けて「家庭内避難」と「家庭外避難」があります。

　「家庭内避難」とは、すなわち在宅避難を指しており、支援が来るまでの間、備蓄品を利用して自宅生活を続けるタイプの避難のことです。対する「家庭外避難」は、破損や消失によって自宅に住み続けることが難しい場合に、命を守るために、必要最低限のものを持参し自宅を離れて避難するタイプを示しています。それぞれのタイプの避難状況を考えて、自分専用のチェックリストを作成してみましょう。

　また最近では、普段持ち歩いているカバンのなかに最低限のアイテムを準備

するよう勧められています。たとえばスマートフォン等用の充電器や除菌ウェットシート、小型ライトなど、あなたのニーズにあわせて外出先での被災に備えましょう。

	A　備えのチェックリスト（家庭内避難用＝ストック用）
1	☐ 飲料水：ペットボトルの水2ℓ×（　　　　）本
2	☐ 生活用水：貯め置きしたお風呂の水など
3	☐ 主食（ご飯・麺・クラッカーなど）
4	☐ 主菜（おかず系の缶詰・レトルト食品・冷凍食品など）
5	☐ 菓子類（果物系缶詰・チョコレート・スナック菓子・飴など）
6	☐ カセットコンロ・ガスボンベのセット
7	☐ 缶切・ナイフ
8	☐ 懐中電灯・ライト
9	☐ ラジオ
10	☐ 除菌シート・ウェットシート
11	☐ マッチ・ライター
12	☐ 簡易トイレ
13	☐ 底のしっかりした靴（ガラスの破片などの上も歩けるように）
14	☐
15	☐
16	☐
17	☐
18	☐

第Ⅱ部　くらし編

B　非常持ち出し袋チェックリスト（家庭外避難＝携帯用）

1	☐	水筒
2	☐	食品
3	☐	現金（すぐに使える小銭）
4	☐	携帯ラジオ
5	☐	懐中電灯・ライト
6	☐	電池・スマートフォン等用の充電器
7	☐	地図
8	☐	笛・ホイッスル
9	☐	衣類
10	☐	常備薬
11	☐	トイレットペーパー（ティッシュの代わりに）
12	☐	コンタクトレンズ・めがね
13	☐	手ぬぐい（ハンカチ・止血用の布・アイマスクとして使用）
14	☐	毛布（携帯可能なもの）
15	☐	
16	☐	
17	☐	
18	☐	
19	☐	
20	☐	
21	☐	

第6章
お金にまつわる危機管理

1 「お金を貸して」と相談されて：借金・クレジットカード

ある週末、井伊谷舞華さんの高校時代の同級生から久しぶりに電話があり、一緒に食事をすることになりました。

同 級 生：舞華、今日会えて本当によかった。このところ困ったことがあって大変なんだけど、舞華に会って元気もらえたよ。私、たぶん大丈夫。

井伊谷舞華：え、その言い方、気になるじゃない。どうしたの？

同 級 生：いいよ、舞華には関係ないことだし、私の問題だもん。

井伊谷舞華：言いなさいよ。困ってるなら聞くよ。

同 級 生：……実は、いまちょっとお金に困っていてね。親に頼むのも難しいし、舞華にしか頼めないなぁと思って。ちょっと借りることってできるかな？

井伊谷舞華：え、お金？どのくらい？

同 級 生：うん　実は、50万円なんだよね。

井伊谷舞華：50万円！？ごめん、無理。そんなにたくさん、私ももってないもん。

同 級 生：ご、ごめんごめん！変なこと聞いて。そっか、無理か〜。そうだよね〜。

同級生は見るからにガッカリしています。なんとなく気まずい雰囲気です。舞華さんは何だか申し訳ないような気持ちがしてきました。

第Ⅱ部　くらし編

同　級　生：そりゃそうだよね、大金だよね。実はね、銀行に頼んでみようと思っているんだ。でも、そのためには保証人っていうのが必要なんだって。でね舞華、できたら保証人になってもらえないかな？お金はかからないし、サインのときにちょっと名前を借りるだけなの。絶対に迷惑かけないから大丈夫！ね、一生のお願い！

井伊谷舞華：（保証人って何？お金がかからない？とても困っているみたいだけど……）

✏️ もしあなたが舞華さんだったら、こんな時どうしますか？

大学生にも身近な「借金」

　借金とは、人や金融機関などから金銭を借りることです。キャンパスライフと「借金」の間には何の関係もないように感じられるかもしれませんが、舞華さんの例のように、思いがけず知り合いに金銭の相談を受けるといった形で、自分の生活圏にいきなり借金の話が登場してくる場合もあるでしょう。より日常的なレベルでは、飲み物を買うときに不足分の100円を友達に借りるのも、学食のランチ代を先輩に立て替えてもらうことも、金額は少なくとも「借金」といえます。

　これらを返金しないままでいると、はたして何が起きるでしょうか。少し想像してみてください。そして、たとえ少額であっても誰かに借りがある人は、これを機に一刻も早く返済することをおすすめします。

　ここではキャンパスライフに比較的身近な借金のパターンとして、近親者間

の借金と金融機関からの借金について見ていくことにします。その仕組みと注意点を通じて、お金との上手なつきあい方について学んでいきましょう。

近親者間の借金：連帯保証人、名義貸し

　近親者からお金を借りるとき、依頼が気軽である半面、返済をめぐり信頼関係が壊れることがあります。したがって、実行する場合には十分な注意が必要です。借りた人は忘れていても、貸した人は忘れないものです。信頼関係をこれまで通り維持するためには、とにかく速やかに返金することが大切です。

　一方、やむを得ぬ事情により、友人・恋人・親戚など、身近な人が借金を負う場合があります。ケース・スタディのように、借金を検討中のその人から「（連帯）保証人になってほしい」や「名義を貸して欲しい」と依頼されることが明日、自分の身にも起こるかもしれません。友人にお金を貸す場合には、お金も友達もなくすという最悪の事態を招かぬよう、くれぐれも注意しましょう。

　連帯保証人を引き受けた人は、依頼者本人の支払い能力に限らず、直ちに返済を請求される立場に置かれることとなります。金融機関から返済を請求されると、連帯保証人である以上、断ることはできません。また連帯保証人は、依頼者が借りたお金を1円も使っていなくても、依頼者自身とまったく同程度の責任を背負わされ、同額の借金の返済をせざるを得なくなるという、大変驚くべき仕組みとなっています。したがって、少し大げさに言うなら、依頼者の人生をまるごと引き受けるくらいの覚悟がない限り、連帯保証人になることは控えるべきです。

　また、名義貸しの場合、最初からあなたの名前でお金を借りられてしまうため、借金返済の取り立てが真っ先にあなたのところに来るという点で、連帯保証人とは異なります。依頼者がお金を持って姿を消すと、借金だけがあなたの前に山積みになるという、驚くべき仕組みです。

　結論としては、連帯保証人や名義貸しの依頼は、基本断ることが原則です。契約書の効力は絶対的なので、たかが紙とは思わず、署名やハンコを捺す前によくよく考えることが大切です。

金融機関からの借金：教育ローン、キャッシング、ショッピング・ローン

　銀行など金融機関から借金する時、近親者間とは異なり、所定の審査（収入や返済能力など）を経て初めて資金を融資してもらえます。返済の手続きが厳格に決まっているので、返済をめぐって金融機関との関係が壊れる心配はありません。ただし返済のとき、利息（利子）が加算されるため、返済額は借りた金額よりも高くなる仕組みとなっています。

　例として、留学や大学院進学のために借金をする教育ローンなどが挙げられます。学生は収入が安定しないので、しばしば融資を断られることがあります。

　一方、金融機関によるキャッシングも大学生には身近な借金のひとつです。駅前などに店舗や無人契約機が並んでいたり、ＣＭや電車内の広告でも目にする機会があることでしょう。キャッシングとは、「融資」という意味で、銀行やノンバンク（クレジットカード会社、消費者金融など）が個人相手に小口の資金を提供するサービスです。審査などの手続きは比較的容易ですが、利子は教育ローンなどより高くなります。

　また現金の持ち合わせがなくてもクレジットカードを用いることで買い物ができる便利な仕組みのことを「ショッピング・ローン」といい、これも金融機関からの借金の一種です。返済額には利子が加算されています。クレジットカードによるショッピング・ローンの返済方法の代表的なものとして、「分割払い」と「リボルビング払い」が挙げられます。

　分割払いとはショッピング・ローンで買ったひとつの商品につき、毎月自分で決めた回数に分けてお金を返す方法です。分割の回数が多いほど、利子が加算される仕組みであるため、5回払いと10回払いとでは、後者のほうが返済額は高くなります。

　リボルビング払いは、ローンで買った複数の商品をひとまとめにし、毎月自分で決めた固定金額で返済を続けていく方法です。返済額が固定のため、トータルの借金が増えるとその分返済期間がどんどん長くなり、そのぶん利息の負担が大きくなる仕組みです。

第6章 お金にまつわる危機管理

クレジットカードに起こりがちな錯覚

　クレジットカードの使用上の注意点は、いずれも人間の心理との関連が深いことです。私たちはレジでのやり取りを済ませた時点で"お買い物は終わった！"と錯覚しやすいのです。本当の支払いは、まさにこれから始まるのですが、店頭で商品を手にした時点で支払いも完了したと錯覚し、借金している事実に目をつぶったまま、クレジットカードを用いてさらなる買い物を続けてしまいます。

　こうした行動をくりかえすうちに、自分が実際に所有している金額（預貯金）よりも多く持っていると勘違いしてしまう人も少なくありません。手元に現金がなくとも、クレジットカードのシステムを介すれば簡単に問題なく商品は手に入るため、"こんなに簡単なら、もっと買い物しても大丈夫！"と気持ちが大きくなりやすく、結果、消費行動が活性化されるというループに陥ってしまうことがあります。

　このように勘違いしてしまうと、買い物依存を助長する場合があるため、充分な注意が必要です。したがってキャッシングの利用を機に「自分は大きな借金を背負ったのだ」とハッキリ自覚できるかどうかが、その後の明暗を分けるといっても過言ではありません。

上手にお金を使うコツ

　お金を使うのはほんの一瞬ですが、お金を返すのは長期間であることを肝に銘じましょう。ほんの一瞬を刹那といいますが、その反対にものすごく長い時間のことを永劫とか億劫といいます。億劫（おっこう）は転じて億劫（おっくう）の意味となったそうですが、借金のこととあわせて考えると意味深長です。

　人間はとかく忘れっぽいので、忘れずにきちんと返し続けるのは、実はそれほど容易なことではありません。返済のめどが明確な場合に限り使用するなど、慎重に冷静に、長い目で付き合う覚悟が不可欠です。

　お金の管理がさほど得意ではなく、長期にわたる返済に自信のない人は、初めから手を出さないことを強く勧めます。"うっかりさん"や"忘れんぼ"に

69

は、あまり向かない制度でしょう。待っているのは、自己破産・信頼の喪失の道（人間関係の破綻）です。

　お金は、現在のわたしたちのくらしに欠かせない大切ものです。自分のくらしを豊かにするために、いつ、どのように、どれだけ使うことがほどよいのか、自分なりの基準が必要になるでしょう。お金についての正確な情報をキャッチし、必要な対処法を身につけ、自分なりに"上手にお金を使うコツ"をしっかり身につけてください。

2 「オススメの化粧品買わない?」と勧められて:マルチ商法

昼休みにいつもの女子3人が学食で休んでいます。

井伊谷舞華:ヒトちゃん、最近疲れてるみたいね。
人見知世:心理学科ってレポート課題が多くて、ここんとこ睡眠不足なの。
井伊谷舞華:スキンケアしてる?荒れちゃうよ。
森野晴香:私もこの前、農業実習してから肌荒れひどくて。これ多分、チャドクガの幼虫。
井伊谷舞華:虫の話はやめて!食欲なくなる。でもハルハルは日焼けしてて元気そう。実はさ、この前、知り合った人からオススメの化粧品をすごく安い値段で売ってもらったんだ。本当は3万円するんだけど、友達紹介キャンペーン中ってことで1万円にしてもらったの。みんなも私の友達ってことで紹介したら1万円で買えるんだって。あの女優の北千住はるかも使ってるんだって。ヒトちゃん、買わない?肌荒れにも、日焼けにも良いのよ。私も使ってから違うもん。
人見知世:え?私、化粧品にそんなにお金かけられない。この前、ハルハルから土佐文旦とかいうミカンのタネで作った化粧水もらったから。
森野晴香:ねえ、舞華、それマルチじゃない?
井伊谷舞華:マルチって?

第Ⅱ部　くらし編

✏️ **あなただったら舞華さんにどんなアドバイスをしますか？**

マルチ商法とは

　ある組織のメンバーが商品をほかの消費者に販売し、購入した消費者が組織のメンバーになって、別の人に商品を売ることによりネズミ算的に加入会員を増やすことで、上層部が儲かるシステムを利用した商法のことです。商品を介さないネズミ講は法律で禁止されていますが、マルチ商法は合法であり、適切な組織運営を行えば事業を維持することが可能です。しかし、法律はマルチ商法を厳しく規制しています（特定商取引法において、連鎖販売取引として①書面の交付義務、②不当な勧誘行為の禁止、③クーリング・オフの適用などの規制があります）。ネズミ講とマルチ商法は口コミなどを通じてネズミ算的に組織を拡大する点が似ています。

　そもそもネズミ算とは、等比級数的に数が増えることで、和算で「正月に雌雄2匹のネズミが12匹の子を産み、2月には親子いずれも12匹の子を産み、毎月これが12月まで続くとネズミの数が27,682,574,402匹になる」というものです。

　さて、最近のマルチ商法では、健康食品、化粧品、健康器具、浄水器、パソコン機器などの商品が扱われています。また、最近はメールやSNSを通じた勧誘もあります。「月に100万円も儲けた人がいます」、「会員になって新規購入者を紹介してくれたら、高いリベートが手に入ります」といった言葉で誘われることがあります。自分はこんな言葉にひっかからないと思うかも知れませんが、親しい友人から誘われたら断りにくいこともあります。消費生活センターなどでは、主婦や若者が販売員となり、売れない商品の在庫を大量に抱えたり、友人・知人を勧誘し、人間関係が悪化したりするなどの問題が起こりやすいこ

とを指摘しています。

被害に遭わないために

それでは、被害に遭わないためにどうすればいいでしょう。筆者らの大学では学生に以下のことを伝えています。

> ①必要がない商品は勇気を持ってきっぱりと断りましょう。
> ②簡単に名前を書いたり、印鑑を押したりせず、商品やサービス内容、支払総額を十分に検討しましょう。
> ③契約書の内容をじっくり確認しましょう。
> ④高額な契約やうまい話は一人で決めずに家族や知人に相談しましょう。

親しい友人や信頼できる人からの情報であったとしても、楽に儲かることなどめったにないので、うまい話を持ち掛けられたら、まずは落ち着いて冷静に考えましょう。

それでも被害に遭ってしまったら、すぐに誰かに相談しましょう。多くの人はマルチ商法の被害に遭うと、自己嫌悪に陥ったり、恥ずかしく思ったりして誰にも相談できないことがあります。マルチ商法に関わる際に親しい人間関係が絡んでいると、人間不信に陥ってしまい、誰も信用できないような気持ちにもなりがちです。

しかし、決して一人で悩まず、すぐに学生課など学内で相談しましょう。また、最寄りの消費生活センターなどに相談すると、契約の条件によって一定期間は違約金を払うことなく契約を解錠できるクーリング・オフ制度が適用できるかどうかなど、適切なアドバイスが受けられます。警察や国民生活センターなどでも消費者相談窓口がありますので、遠慮せずに利用しましょう。

期せずして被害に遭ってしまった人にとって、適切な機関に相談することは経済的な損失を小さくできるチャンスとなります。それ以上に大切なことは、人に相談することによって、失いかけた「他人を信頼する気持ち」を回復することなのです。

3 「家族が事故を起こした」と伝えられて：架空請求

夏休みに入り、実家に帰省中の人見知世さん。たまたま一人で留守番していたら、知らない男性から電話が入りました。

男　　性：もしもし、警察関係のものですが、実はさきほど、駅前の交差点であなたのお父さんが車で大事故を起こしました。
人見知世：え！父は大丈夫なんですか？
男　　性：幸い命に別状はないようですが、重体でお話できる状態ではないんです。それで被害者の方が、今日中に示談金100万円を準備しないと、法的に訴えるぞと激怒されておられてですね
人見知世：（お父さんが事故！？え、どうしよう……）
男　　性：もしもし、聞こえますか？
人見知世：何が何やら……私、いったいどうすればいいんですか？
男　　性：そうですよね。突然のことで、混乱されるのが当然かと……でも大丈夫です。私の言うとおりにしてください。今から申し上げる口座に100万円をお振り込みください。あとは私のほうで何とかしますので、ご安心ください。
人見知世：……。

✏️ もしあなたが人見さんなら、こんな時どうしますか？

第6章　お金にまつわる危機管理

架空請求の主なパターン

　ケース・スタディでは、一人で実家にいた人見さんが、知らない男性からの突然の電話とその話の内容に動揺しているところで、100万円の金額を請求されています。このように、本来支払う必要のない請求のことを架空請求といいます。最近では、さまざまな種類の架空請求トラブルが見られるようになりましたが、代表的なものを3つ挙げます。

①振り込め詐欺

　面識の無い不特定多数のものに対し、電話やはがき（ダイレクトメール）、電子メールやSNSなどの通信手段を通じて、対面することなく一方的に現金の送付または振込みを要求するものです。2004年まで通称「オレオレ詐欺」と呼ばれていましたが、手口が多様化し、必ずしも実態と合わなくなったため、名称が変更されました。

②フィッシング詐欺

　銀行やクレジットカード会社を思わせるメールや、偽のホームページを用いることで、個人情報を聞き出そうとする手法です。銀行口座やクレジットカードの暗証番号などが流出すると、現金を不正に引き出されたり、ネットオークションであなたに"なりすまし"て商品の売買に利用されたりする危険性があります。

③ワンクリック詐欺

　ウェブサイト上の特定の出会い系サイトや、勝手に送られてきた電子メールに記載されているURLなどを1回クリックすると、「ご入会ありがとうございました」などの文字やウェブページが表示され、一方的に契約したことにされて多額の料金支払いを求められます。

　これらはすべて、本来支払う必要のない請求、すなわち「架空請求」です。

対応の基本は無視することです。この段階ではまだ何も契約されていません。「退会はこちら」とか「お問い合わせ」の箇所で、決して連絡先を登録しないことです。

しかし相手にしなくてもよいのに、ときに人は払ってしまいます。それはなぜでしょうか？

実は、業者側のスキルに磨きがかかっているのです。相手は「架空請求のプロ」で、巧妙なテクニックをいくつも持っており、結果、多くの人がだまされることになります。その基本となるテクニックは、相手の冷静さを奪うために、とにかく急かす・焦らせるというものです。パニックすると、人は冷静な判断をするのがとても難しくなります。このスキルには心理学の知見を悪用しているものもあるので、心理学を深く勉強すると架空請求のプロの手口がよく見えるようになります。

架空請求への対応策について

「架空請求のプロ」である相手の特徴をよく知った上で、自分たちに可能な対応方法を考えていきましょう。ポイントは次の3点です。

まず1つめは、「結論は先延ばし」です。落ち着く努力をしてください。

被害に遭っている人は冷静さを失っているので、相手の言いなりになりやすいのも特徴です。まずは呼吸を整え「大丈夫、落ち着け」と自分に声をかけて落ち着く努力をしましょう。些細なことに聞こえるかもしれませんが、冷静に戻るために時間を稼ぐことは、とても大切なスキルです。事実、相手がどんなに主張しようとその日のうちに支払わなければならない条件は通常ありえないため、「私だけでは判断ができないので、○時間後にまた」や「明日でないと難しい」などと、できるだけ結論を先に先に延ばすことが得策です。

2つめのポイントは、「必ず誰かに相談」し、ひとりで決断しないことです。

被害に遭遇した人は通常、自身が想像している以上に冷静さを失ってしまっています。したがって、自分ひとりの力での解決はまず無理だと考えた方がよいでしょう。第三者または部外者に相談して、状況を客観的に見て冷静に判断

してもらいましょう。当事者以外の安全な誰かと話すことで緊張が和らぎ、冷静に自分自身の状況を考えられるようになるでしょう。知り合い、家族、友人らに相談するのが難しいようなら、ぜひ一度、公的機関である消費生活センターに相談してみましょう。

　3つめは、証拠を集めて「警察に通報」してください。

　請求がしつこい場合や、脅迫的な文章の場合は、メールやハガキ、電話を録音して、証拠として残しておき、警察に通報することをおすすめします。自分で対応しようと先方とやり取りを重ねると、結果的に自分の個人情報を出してしまい、かえって問題となる場合があります。なお、すでに支払いを済ませてしまった場合にも、一刻も早く最寄りの警察署に相談しましょう。

第7章
人間関係にまつわるトラブル

1 突然厳しくなった上司と「大切な仕事」：
パワハラ・アカハラ・セクハラ

アルバイトで忙しい今池爽太君が久しぶりに授業に出席しています。

一色高志：ソウタ、久しぶりだね。この授業、出席大丈夫？

今池爽太：相当ヤバイです。バイトが忙しくて。高志さん、どうしましょう？

一色高志：どうしましょうって、来週から試験期間だし、バイト休ませてもらったら？

今池爽太：俺、店長に見込まれて先月からバイトリーダーになったんです。誰もバイトが入れない日があると店が困るから、俺が無理して入ってたら大学来れなくて。

一色高志：学生の本分があるんだから、せめて試験期間は休んだら？

今池爽太：店長が、お前もリーダーなんだから経営者のマインド持って働けっていうんですよ。だから休むなって。

一色高志：その店長なんかおかしいな？

今池爽太：そうですか？責任感が強くて熱い人なんですよ。この前、閉店後に会計が合わなかったんすけど、連帯責任ってことでみんなのバイト料から差し引くぞって。お前らが社会人になった時のために、今から世間の厳しさを教えてやるって、店長が言ってて、ありがたいけど、ちょっと。

一色高志：ソウタ！それブラックバイトかもよ、パワハラじゃないかな。
今池爽太：結局数え間違いで会計は合ったんですが、店長って結構まずいんですか？
一色高志：そうだね。ソウタは社会人になる前にハラスメントに対する意識を高める必要があるね。そういえば卒業した先輩から聞いた話なんだけど……彼女が会社の営業で出張したときのことらしいんだが……

　Bさんは熱心な会社員として、売り上げの向上を目指して日々営業に励んでいました。直属の上司も熱心なBさんに目をかけてくれていて、いつも忙しい時間を割いて仕事のノウハウを指導してくれたそうです。Bさんも上司の期待に応えようと社内会議で積極的に発言したり、新規に営業先を開拓したりして、営業成績トップまであと一歩のところに来ていました。

　ところがある日、Bさんは上司に呼び出されて酷く叱責(しっせき)されたのです。それは社内会議でのプレゼン資料が上司の指導とは異なっていたことと、プレゼンの際に上司に対するお礼の言葉がなかった、という理由からでした。「私の指導を受ける気がないのなら勝手にしたまえ」と言った後、上司は全く指導をしてくれなくなりました。困ったものの、Bさんは自分の落ち度だと反省し、上司に謝り続けました。

　そんなある日、遠方の取引先にチームの数人で出張することになりBさんが大切なプレゼンをすることになりました。するとプレゼン前夜に上司から久しぶりに連絡がありました。十分に反省しているのなら明日のプレゼンについて今から指導するので、21時に上司が宿泊しているホテルに来るように、と言われました。

　こんな夜遅くから？とBさんは心配になりました。上司が宿泊しているホテルで、食事をしながら話をしようと言うのです。

✏️ もしあなたがBさんの同僚なら、どんなアドバイスをしますか？

```
_____
_____
_____
```

ハラスメントとは

　ハラスメントとは、優越した地位や立場を利用して、強い立場の人が弱い立場の人に対して行う嫌がらせやいじめのことを意味します。近年、ハラスメントに対する関心の高まりもあり、パワハラ（パワー・ハラスメント）、アカハラ（アカデミック・ハラスメント）、セクハラ（セクシャル・ハラスメント）など、さまざまなハラスメント関連語が日常的に使われるようになってきています。それぞれ順にみていきましょう。

パワー・ハラスメント

　法令上パワー・ハラスメントの明確な定義はありませんが、厚生労働省は職場のパワー・ハラスメントを「同じ職場で働く者に対して、職務上の地位や人間関係などの職場内の優位性を背景に、業務の適正な範囲を超えて、精神的・身体的苦痛を与える又は職場環境を悪化させる行為」と定義しています。また、厚生労働省は、ハラスメントの裁判例や個別労働関係紛争処理事案に基づき、次の6類型を典型例として整理しています。なお、これらはパワハラすべてを網羅するものではありません。

　①身体的な攻撃（暴行・傷害）
　②精神的な攻撃（脅迫・名誉毀損・侮辱・ひどい暴言）
　③人間関係からの切り離し（隔離・仲間外し・無視）
　④過大な要求（業務上明らかに不要なことや遂行不可能なことの強制、仕事の妨害）

⑤過小な要求（業務上の合理性なく、能力や経験とかけ離れた程度の低い仕事を命じることや仕事を与えないこと）
⑥個の侵害（私的なことに過度に立ち入ること）

アカデミック・ハラスメント（アカハラ）

　学生が大学で受けるハラスメントはアカデミック・ハラスメントといいます。教育研究の場における権力を用いた嫌がらせのことであり、学習・研究活動妨害、研究成果の搾取、指導義務の放棄、精神的虐待、権力の乱用などが含まれます。

　ある大学で大学院生を対象に行った調査によると、調査に回答した506人の院生の内、9.5％が「学習・研究の妨害」（研究成果やアイディアの盗用など）を、8.5％が「指導の放棄」（「放任主義だ」といってセミナーを開かなかったなど）、9.5％が「自尊心の傷つけ」（「（論文を指して）幼稚園生の論文だ」、といわれたなど）を経験していました。

　アカハラは教員から学生へのハラスメントだけでなく、教員間や学生間でも起こりえます。サークルの先輩に無理やり飲酒を強要されることもハラスメントに含まれます。

セクシュアル・ハラスメント（セクハラ）

　セクシュアル・ハラスメントとは、人間関係のなかで生じるものであり、行為者本人が意図するか否かにかかわらず、性的な言動等を行い他者に不快な思いをさせたり、不利益を与えることを指します。セクシュアル・ハラスメントになりうる言動として、たとえば次のようなものがあります。

①性的な内容の発言関係
- スリーサイズを聞くなど身体的特徴を話題にする。
- 聞くに耐えない卑猥な冗談を交わす。
- 女性に「今日は生理日か」「もう更年期か」などという。

- 性的な経験や性生活について質問する。
- 性的な噂を立てたり、性的なからかいの対象とする。
- 「男のくせに根性がない」「女には仕事を任せられない」などという。
- 「男の子、女の子」「僕、坊や、お嬢さん」「おじさん、おばさん」など人格を認めないような意味での呼び方をする。

②性的な行動関係

- ヌードポスター等を職場に貼る。
- 雑誌等の卑猥な写真・記事などをわざと見せたり、読んだりする。
- 身体を執拗(しつよう)に眺め回す。
- 食事やデートにしつこく誘う。
- 性的な内容の電話をかけたり、性的な内容の手紙・Eメールなどを送る。
- 身体に不必要に接触する。
- 浴室や更衣室などをのぞき見する。
- お茶くみ、掃除、私用等を強要する。
- カラオケでのデュエットを強要する。
- 酒席で上司の側に座席を指定したり、お酌やチークダンス等を強要する。
- 就労上または修学上の地位を利用して、交際または性的な関係を強要する。

ハラスメントを受けたと感じたら

　ハラスメントは、初期の対応が大切と言われています。エスカレートしないように、ハラスメントに遭ったら毅然とした態度と言葉で、すぐにやめてほしいことを伝えましょう。しかし、毅然とした態度を取りにくい場合もあるでしょう。その時はとりあえず、一旦ハラスメントが起きる状況から逃げましょう。また、落ち着いて味方を探しましょう。多くの大学がハラスメント対策をしており、相談窓口を設けています。学内であなたをサポートしてくれる人を探しましょう。

ハラスメントの場合、信頼していたアルバイト先の人や、お世話になっている先生や先輩、友人と思っていた同級生が加害者になっていることがあるので、被害を受けても、はじめは混乱しがちです。また自分に問題があったからかも知れないと自責的になってしまうこともあります。ショックから体調不良に陥ることもあるので、精神科医や専門の相談員（たとえば学生相談の臨床心理士や公認心理師、大学カウンセラー）に相談することも重要です。以下に、筆者らの大学で学生向けに伝えていることを紹介しましょう。

ハラスメントへの対応法

①不快であることを相手に言葉ではっきり意思表示しましょう。
②自分を責めたり、一人で我慢するのはやめましょう。
③いつ、どこで、誰から、どのようなことを言われたか、あるいはされたかなどを記録しておきましょう。
④身近な信頼できる人に相談しましょう。
⑤ハラスメントについての苦情や相談を受け付ける相談員に勇気を出して相談してみましょう。

加害者にならないように

　ハラスメントに関する言動の受け止め方は、個人の感じ方や、その人の立場などによって差があります。また人間関係のなかで生じることであり、その関係の文脈にも左右されます。いずれにしても、ある言動がハラスメントにあたるかどうかは受け手の判断が重要になります。

　そのため、優位な立場にある人は、その優位性を強く自覚し、相手が拒否していることや、嫌がっていることは繰り返してはいけません。ハラスメントの苦情を申し出る人をトラブル・メーカーと考えたり、個人的な問題として片付けようとすることもいけません。

　時折、インターネット上などで、セクハラの被害者側に隙があるのが問題で

あるとか、誘いに応じた方が悪いといった言説が飛び交うことがあります。これはハラスメントが地位や立場の優位性を利用した言動であり、被害者側が応じざるをえない権力関係を理解していない浅はかな発言と言わざるをえません。ハラスメントを学ぶことで自らの言動を改めて振り返り、ハラスメント防止の意識を高めましょう。

2 突然そっけなくなった彼と「大切な仕事」：破壊的カルト

新年度が始まり、大学周辺は新入生をサークルに勧誘する学生で賑わっています。

井伊谷舞華：ヒトちゃん、私ね、さっきね、サークルに勧誘されたの！ 新入生に見えたんだと思う。
人見知世：私、毎年この雰囲気苦手なんだ。知らない人に声かけられないように下向いて歩いてたら、駅前で立っていた人に声かけられちゃった。何とか逃げたけど、なんかニュースにもなっていた団体のパンフレットもらっちゃって。
森野晴香：もらわなくてもいいんだよ。でも、この時期、サークル勧誘のふりして破壊的カルトが活動するのよね。で、この前、聞いた院生の先輩の話なんだけど……。

　森野晴香さんの先輩には付き合って3年の彼がいます。もともと穏やかで優しい人でしたが、最近では他者に対する振る舞いがこれまで以上に親切で優しいものになり、また親孝行に熱心な様子が見られるようになりました。そして以前にもまして生き生きとした様子が見られます。
　この1か月ほどは彼曰く「大切な仕事」のためにとても忙しく過ごしているようです。こうした元気な彼の姿を見るのは、先輩としても嬉しいのですが、内心とても複雑です。
　そんな折、友人から、彼がある組織の活動にはまっているらしいとの情報が伝えられます。それがどうも「（破壊的）カルト」として知られる組織らしく、それを知った先輩はなんだかとても気がかりです。そこで、勇気を持って、直接彼に尋ねてみることにしました。

第Ⅱ部　くらし編

先輩：前から気になっていて　その、Y子に聞いたんだけど　その"大切な仕事"って、○○○（組織名）と何か関係があったりする？
彼　：ああ、そうなんだ。なかなか話す機会がなくて。
先輩：そう、そうなんだ？でもさ、その○○○ってとこ、ちょっと怪しいところじゃなかったっけ？
彼　：君は何も知らないから怪しいって思うんだよ。僕も最初はそう思っていたんだ。でも、僕たちが学んだ真理を知れば、君だって本当のことを理解できるさ。
先輩：(真理？なにそれ？なんでにやけて話すの)
彼　：驚いた？でも、僕みたいにちゃんと勉強すれば、それがよくわかるよ。
先輩：え、だって、そんなのおかしいよ。え、なんでおかしいかってわからないの？
彼　：(バカにしたような表情で冷たく)何言ってんの？わかっていないのは君の方だよ。何も知らないくせに。おかしいって思いこんでいるだけじゃないか。そんな不幸な君が可哀そうだよ。
先輩：……。
彼　：でもだからこそ、君にはぜひ、この素晴らしい教えを一緒に学んで欲しいって思っている。なかなか言い出せないでいたんだ。この冊子を読めば君の言っていることが間違いだとすぐにわかるよ。

✎ 彼の言動を聞いて、あなたはどんな気持ちになりましたか？
　　そしてこの先、あなただったら一体どうしますか？

第 7 章　人間関係にまつわるトラブル

キャンパスでのカルト勧誘

　大学では入学試験や合格発表の時期にも勧誘をされることがあり、学園祭などのイベントもねらわれやすいと言われています。「イベント」「パーティ」「勉強会」「サークル」などを装って近づき、連絡先を入手することで、電話・メールなどで繰り返し誘いがくるというパターンがもっとも多いのです。

　とくにカルトに誘われやすいのは、人生のなかでストレスを感じやすい時期、すなわち、その人の人生において大きな変わり目にあり、相談できる他者がそばにいないときです（引っ越し、進学、失恋や死別といった喪失体験に遭遇した時など）。こうした状態にあるとき、人は自己防衛が過度になるか弱化するかのどちらかになるため、だれしもターゲットになりやすく、注意が必要です。さて、カルトとはどんなものなのでしょう。

「カルト」と「破壊的カルト」

　カルトはいわゆる宗教一般とは異なります。そもそもは神々や英雄への「崇拝」を意味するラテン語に由来する言葉です。1960年代以降「熱狂的崇拝あるいはそれを行う小集団」を指すようになり、1970年前後からは「個人や社会に反社会的な行為をする集団」を指す場合が多くなりました。

　日本では1995年のオウム真理教事件以来、後者の印象が強くなりました。最近では反社会化した一部のカルト集団が「破壊的カルト」と呼ばれています。破壊的カルトは代表者または特定の主義主張に絶対服従させるべく、メンバーの思考能力を停止させ、目的のためには犯罪も辞さない、特殊な集団と考えられています。破壊的カルトには、一部の宗教集団のほか、マルチ商法などの商業カルト、自己啓発系の教育カルトも含まれます。

　ある集団が破壊的カルトかどうかを判断する基準は、個人の自由と尊厳を侵害し、社会的に重大な弊害をもたらしているか否かがポイントになります。

破壊的カルトのメンバー

　"破壊的カルトのメンバー"と聞くと、あなたはどんな人を想像するでしょ

うか。メンバーの多くは、とくに際だった特徴があるわけではなく、ごく一般的な親切で優しい人々です。彼らの行う勧誘の多くは、人間的な温かみある承諾を誘導するコミュニケーションを通して行われるため、誘われた側にとってみれば、容易には断りにくい（断る理由のない）環境が作られます。一方、誘われる人たちもまた親切な優しい人です。

破壊的カルトに誘われる人の特徴は、一説によると、"自分探し"に熱心であったり、社会の役に立ちたいという志向性をもった人々、現在の社会や自分の人生に疑問をもつ人々、生きがいを構築している人々ともいわれています。青年期が勧誘に遭いやすいのも肯けることでしょう。

マインド・コントロール

他者がある目的成就のために、個人の精神過程や行動を誘導することをいいます。本人が他者からコントロールされていることに気づかないうちに、一時的・永続的に行われる心理的操作のことです。

類似の言葉に「洗脳」がありますが、これは身柄を拘束して抵抗力を奪うなかで強引に何らかの思想を受け入れさせていく強制的な手法です。一方マインド・コントロールは、承諾を誘導するコミュニケーションを通じて、被害者自らが積極的に望んでこれまでの自分の生き方や考え方を否定し、新しい思想を受け入れていくといった流れをとるため、被害者自身は「自分で理性的にこの生き方を選んだ」と自覚しており、そこに介在する他者または組織の意図に気付くことは極めて難しいのです。

多くの人がマインド・コントロールについて「私は大丈夫」と考える傾向にあります。たとえ受けても「すぐに元の自分に戻れる」と過信しがちですが、「とりあえず経験してからでも断るのは遅くない」という軽い気持ちで、真面目そうな団体の優しい誘いにのると離脱できなくなります。

破壊的カルトへの対策

まず、自分が声をかけられたときは、破壊的カルトとわかるなら、直ちに断

第7章　人間関係にまつわるトラブル

りその場を立ち去りましょう。破壊的カルトかどうか迷うようならば、とりあえずは時間を稼いで、すぐに誰かに相談し、客観的な意見を得ることで自らを鎮静化させましょう。キャンパス内ならばクラス担任や学生相談室、学生課などに相談しましょう。メンバーに誘われた場所には、決して足を運ばないこと。とくに合宿などは絶対に断りましょう。

　もし、あなたの大切な人がカルトに関わったとしたらどうすればよいでしょう。大切な人が変わってしまったというショックはとても大きいものです。ほとんどの人が、ショックで心理的に激しく動揺します。このことが周囲に与えるストレスは非常に大きいので、まずはあなたの生活や健康を守ることが大切です。大切な人と再び心を通わせることをテーマに、時間をかけて検討を続ける必要があります。メンタルヘルスの専門家をはじめ、家族、友人、教員など、あなた自身を守ってくれる人間関係を形成し、長期的に取り組むことが大切です。

　あなた自身が動揺している段階で、大切な人にカルト脱会の働きかけをするのは大変な困難であり、ミイラとりがミイラになりかねません。あなたが直接やろうとするのではなく、専門家に任せ、まずはあなたが平静を取り戻しましょう。

第Ⅲ部

こころ・からだ編

こころの不調に気付く

　この章では、"こころ"や"からだ"の問題のうち、大学生の皆さんが知っておくとセルフ・ケアに役立つメンタルヘルスを中心に取り上げます。

　こころの不調は、こころとからだの両方にサインが現れるものがほとんどです。これらのサインはあたかも、これまでのライフスタイルやあり方の改変を強く求めるメッセージのようです。こころの調子の回復が、結果的に自らのこころの成長と深くつながっていたという例も少なくありません。

　いずれにせよ、回復を図るには、こころの不調やこころの病について正しい理解に基づき、本人・家族・周りの人々が適切に対処することが不可欠です。漠然とした理解のまま、闇雲に怖がって遠ざけたり、見て見ぬふりをするのではなく、こころの不調の実状を的確にとらえ、対処可能な道を探ろうとする姿勢が大切なポイントとなります。

　第Ⅱ部に引き続き、ここでも「ケース・スタディ方式（事例研究）」で学びを進めていきましょう。事例の提示、解説と対処法、周囲の対応ポイントの順に紹介します。例示する事例をご自分の知り合いのことと仮定し、ちょっと想像してみてください。あなたはひとりの友人として、その場でどのように考え、どのように対処するでしょうか？　自由記述欄や余白に、ご自身のアイディアを自由に思いつくままにメモしてみてください。そのあとで解説をご覧いただくと、理解はより深まっていきます。

　こころの調子に疑問を感じたときには放置するのではなく、傍らでそっと様子を見ながら、"この場合の適切な対処は何だろう？"と考えてみてください。こうした対応のひとつひとつがあなたの経験値となり、実践力が自ずと育まれていくことでしょう。

　※第8章以降で挙げている精神的不調の名称区分は、主として世界保健機関が定める国際疾病分類（ICD）およびアメリカ精神医学会が作成する精神疾患の分類と診断の手引き（DSM）を参考にしています。

第8章
"ウツウツ"と沈むこころ

1　抑うつ気分・うつ病

授業でいつも積極的に発言してくれる井伊谷舞華さんが、今日は見るからに元気がなく、ため息をついて落ち込んでいる様子です。

井伊谷舞華：……先週、彼氏から急に別れようって連絡が来て。ほかに好きな子ができたって。もー、ホント無理。マジでウツ……。

人見知世：えっ！？なにそれひどい。最低！そんなヤツ、別れて正解だよ！

井伊谷舞華：でも好きだったんだ……（涙）あーもうヤダ……ヤケ食いしそう……。

森野晴香：……よしわかった！じゃあ今晩一緒に焼肉食べ行こう。どんなに悲しくてもお腹って空くのだ。舞華、行こうよ！

井伊谷舞華：うぅぅ……（涙）カルビ……好き。焼肉……行くぅ……。

夕方、待ち合わせ場所に、人見さんと森野さんが先に辿り着きました。

人見知世：舞華、辛そうだったね。心配だな……。でも前にもこのパターンあったね。

森野晴香：あったあった（笑）だから、焼肉誘ったんだよね。あのあと、ついでに温泉旅行にも誘ったら、即行きたいって言ってたよ。

人見知世：……たくましいなぁ（笑）ぱーっと遊んで切り替えたいんだね、きっと。
森野晴香：夜はぐっすり寝てるみたいだし、舞華はなんとか大丈夫そうだけど、そう言えば高志さんの友達がちょっと大変らしくて……。

　一色高志君の知り合いのＣさんは、前向きで頼りにする友人も多く、将来は弁護士になろうと、何事にも熱心に取り組む女性です。

　ところが学部２年生の夏休み明けからだんだんと疲れやすくなり、好きだった勉強にもやる気を失ってしまいました。これといった理由やきっかけは見当たらないのですが、何とも言えない嫌な気分がいつも貼りついているようで、何をしても全く楽しめません。

　食欲もなく、全身のだるさが続いたため、まずは内科で検査を受け内臓をくまなく調べましたが、とくに問題は見つかりません。次第に、これまで感じたことのない重苦しい気分に見舞われるようになり、しんどくて大学を休むようになりました。

　綺麗好きだったＣさんの部屋は、気づいた頃には洗濯物が山をなし、台所は使用済みの食器類であふれています。後期に履修した単位のほとんどを落としてしまい、Ｃさんはショックで誰とも話したくなくなりました。「自分は何もできない、怠け者のダメ人間……」「こんな役立たず、もう死んだ方が……みんなに迷惑かけずに済む……」と、涙が止まりません。これまで変化のなかった体重も急に５キロほど減少し、夜もあまり寝られていないようです。

✏️ 井伊谷さんがあなたの友達だったら、どんなふうに声をかけますか？

✏️ Cさんは今、どんな状態だとあなたは考えますか？

日常的な落ち込み

　落ち込みの状態には、いわば「日常的なもの」と「病的なもの＝抑うつ気分」とがありますが、日常会話では、落ち込んだ時の状態をすべてひとまとめにして「ウツ」「うつ」ないし「うつ病」と呼んでいることが多いようです。こうした日常会話とのズレが混乱や誤解の源となることも少なくありません。

　井伊谷さんのケースは、失恋という予期せぬ人間関係の破綻に遭遇し、危機的な状態の例といえます。しかし落ち込みの原因が明確で了解可能であること、授業には出席するなど井伊谷さんの日常生活は保たれていたこと、食事や睡眠の障害は認められず、友人とのつきあいを楽しめていることなどから、自らのゆううつな気分を受け止められる状態であり、自己回復力の働きが見込める範囲内だと見受けられます。こうしたケースは時間の経過とともに自然と回復し、その経験が自己の成長につながる場合も多いのです。したがって、青年期であれば多くのひとが経験する、日常的で一般的な落ち込みと考えるのがよいでしょう。

　ただし、「日常的な落ち込み」と「病的な落ち込み」の区別は、専門家でな

いと難しい場合もあるため、普段よりも落ち込みの期間が長く続くと感じたときや、普段とはやや性質の異なる落ち込みがあるとき（気分の沈み具合が激しいなど、今までにない感じのとき）、睡眠の問題や食欲不振などが続く場合には、まずは一度キャンパス内の専門機関（保健センターをはじめ学生相談室）、キャンパス外の専門機関（精神科クリニック・心療内科クリニック）に相談されることをお勧めします。

病的な落ち込み

　病的な落ち込み、すなわち主としてうつ病に代表される「抑うつ気分」とは、「普段感じたことがないほどのうっとうしい何とも言えない嫌な気分が、襲いかかってくるようなもの」（加藤, 2014）と表現されるように、表現しがたい不快な気分が毎日、一日中続く状態です。前述の日常的な落ち込みとは重苦しさの質、程度、持続性において異なることがわかります。体験者以外には容易に想像できない苦しさで、日常生活を保つことは難しく、社会生活に支障がでてくる可能性も高いです。Cさんのように、自死を考え（希死念慮）、実行に至る危険性があることも、うつ病の特徴です。

　ところで「病的」とは、「病」という言葉に示されるように、"一時的に損なわれているが回復可能な状態"を一般に示しています。これほど重苦しい状態であっても、将来的には回復が見込まれる症状であり、だからこそ適切な対応が必要です。放っておくのではなく、こころの専門家（精神科医・臨床心理士・公認心理師）への相談が強く勧められます。

　ちなみに、抑うつ状態そのものはめずらしい反応ではなく、うつ病以外の精神疾患（双極性障害、統合失調症ほか）や、身体の病気（脳梗塞、パーキンソン病、甲状腺機能低下症ほか）、薬の影響（アルコール・覚醒剤・麻薬などの依存性薬物、インターフェロンなどの治療薬ほか）によっても生じるものです。医師の診察により、今ここに挙げたすべての可能性が否定されて初めて、真性のうつ病と診断されることになります。

うつ病の診断基準

　それでは「うつ病」とはいったい何でしょうか。精神疾患の国際的診断分類には、WHO（世界保健機構）が提唱するICDと、アメリカ精神医学会が作成しているDSMが存在し、2019年現在、日本の精神科医療では、ICD-10（まもなくICD-11が適用）とDSM-5の診断基準が採用されています。

　たとえばDSM-5に照らして、精神科の医師がうつ病（「大うつ病性障害」）と診断する場合、以下①〜③が必要条件となっています。

①表8-1に示した必須症状の2項目のうちどちらかを必ず含んでいること。
②必須症状・身体症状・精神症状合わせて9項目のうち、5つ以上を満たしていること。
③これらの症状が、ほとんど一日中、毎日、2週間以上続いていること。

　①は、うつ病の中核症状といえる抑うつ気分と興味・喜びの喪失が含まれます。興味・喜びの喪失とは、何をしても楽しいと感じられず、何を食べても美味しいと思えず、嬉しいことがあってもこころが石のように動かないといった状態を指します。表8-1に挙げた症状のうち5種類以上が、一日中ずっと、

表8-1　うつ病の症状

必須症状
気分が沈む（抑うつ気分） 物事が楽しめない（興味・喜びの喪失）
身体症状
食欲がない（食欲の問題） 眠れない（睡眠障害） 動作や考えがゆっくりになってしまう（精神運動制止） 疲れやすい、気力が低下してしまう（易疲労性）
精神症状
罪の意識を感じる（罪責感） 決断することが出来ない（決断困難）、思考力・集中力の低下 死にたくなる（希死念慮）

出典：加藤（2014）『うつ病治療の基礎知識』。

毎日、2週間以上にもわたり続く状態がうつ病です。普段の会話のなかでイメージされる「うつ・ウツ」とはだいぶ様子が異なるのではないでしょうか。

2　回復に向けて

休養が最優先

　何をおいても、「休息第一」です。余分なほどの休養をとるくらいがちょうどよいと言われています。うつ病の患者さんにはもともと休むことが苦手な方が多いため、医師が治療の一環として、負担の軽い手作業を課すことで、結果的に簡易な休息をとらせるといった工夫が必要な場合もあります。

　その人に合った休養のあり方を見つけたら、内側から湧いてくるエネルギーの回復を、じっくり待ちましょう。少しずつ元気が湧いてきます。

　眠れるようになり、身体がいくらか自由に動ける程度に症状の改善がみられたとき、多くの方が"休んでいた分の遅れを取り戻そう！""挽回しよう！"と、急にバリバリと活動を始めることがありますが、この段階ですぐに走り出さないことこそが、実はさらなる回復のコツです。時間をかけてやっと溜まった大事なエネルギーです。一気に使い果たして病気をぶり返してしまわぬよう、充分に注意しましょう。

生物学的アプローチによる治療

　うつ病では、抗うつ薬を中心とした薬物療法が有効です。一般には、総合病院の精神科外来または精神科単科病院の外来、精神科クリニックを受診し、精神科医との面談を通じて診断を受け、薬物療法による治療を始めることが大切です。大学生の場合、まずはキャンパス内の保健センターや学生相談室にて心理の専門家に相談し、必要に応じて、上記に挙げた医療機関の紹介を受けて受診するというのが、わかりやすく、有効な方法のひとつでしょう。

　うつ病の場合、細々とした手続き等が非常に億劫に思われて、心身ともにしんどく感じられるものです。したがって専門機関への相談は、ご家族や付き添

いの方と一緒に訪れてみることをおすすめします。これはうつ病の患者さんが抱える心労を、少しでも軽くするための方略といえるでしょう。

　うつ病の薬は、その人がゆっくり休むことを助けてくれる働きを持っているため、服薬後は休息がよくとれるようになり、多くの場合、症状の緩和が見込めます。ただし、症状が改善したからといって服薬を自己判断で勝手に中断すると、副作用が強く出る可能性が高いため、服薬を止めたいと思ったら、まずは必ず主治医に相談しましょう。

心理社会的アプローチによる再発予防
　前述の薬物療法によるうつ病の症状の緩和が見られたら、この段階で臨床心理士や公認心理師による個人を対象とする心理療法・カウンセリング、または集団を対象とした集団療法が有効です。うつ病に有効な心理療法としては、心理教育や認知行動療法が挙げられます。

　心理教育では症状のメカニズムの理解を支え、具体的な対処法を学ぶことができます。認知行動療法では、相談者自身の考え方の癖や性格傾向について理解を深め、可能な範囲で自ら修正を試み、症状のさらなる改善と再発の予防を目指していきます。

　症状が改善してもなお、自分はこの先どう生きるのか、生きるとは何かといった人生そのものへの素朴な問いかけがこころの内に生じることがあります。そうしたときには、臨床心理士や公認心理師による従来型の心理療法（精神分析的心理療法、分析心理学的（ユング派）心理療法、来談者中心療法ほか）が有効です。

　いずれにせよ「生活リズムを整え、オンとオフのメリハリのある生活をつくること」や、「調子のよい自分も悪い自分も、どちらも本来の自分と受け入れ、上手に付き合っていくこと」などが現実的な目標となります。生活のなかに適度な休息を取り入れ、こころの柔軟性を育むことに加えて、日頃からの「こころのメンテナンス」のコツを心身ともに学んでいくことが、再発予防のための最善の道と、現時点では考えられています。

第Ⅲ部　こころ・からだ編

　うつ病が「こころの骨折」にたとえられる例がありますが（北島，2007）、このイメージはうつ病の実態をよく物語っているように感じられます。骨折は誰にでも生じうる状態ですが、風邪などに比べると特別な処置が必要であることと、回復に時間を要し、非常事態のニュアンスがより含まれます。このイメージを用いてうつ病の経過をたどってみると、過度な負担をかけた結果、思いがけず骨折してしまった箇所に添え木（＝薬物療法）をし、一定期間動かさずに十分休ませて（＝休養）、骨が固まり状態が改善したら、リハビリ（＝予防のための心理療法・カウンセリング、仕事復帰のためのリワークプログラムへの参加など）を開始するというのが、うつ病の回復の道筋となります。

3　周囲の対応ポイント

「はげまし」を控える

　しょんぼりした姿を見ると、周囲は本人を励まそうと、「いつまでもくよくよしないで、元気出しなよ」とか「頑張っていこうよ」と、背中をぐいぐいと押すような応援調の声かけをしがちです。
　しかしながらうつ病と診断される人は、もともと努力家かつ勤勉で、すでに長いこと人知れず頑張っている方がほとんどです。さきほどの励ましの声かけ

は、果たして彼らの耳にどのように響くでしょうか。「ずっとこんなに頑張っているのに……」「自分の辛さ、わかってもらえないんだな……」と本人の孤立感や焦燥感をかき立て、かえって精神的に追い込んでしまう場合も少なくありません。

したがって、励ましは控えるのが望ましいでしょう。実行はなかなか難しいですが、「さりげなく見守る」を周囲が続けることこそが、本人の安心感とこころの栄養になるようです。

「休息」という名の薬

うつ病と診断された人が、自宅でいつになくゴロゴロ・ダラダラと過ごしている姿を、家族・友人らが目にする機会が多くなります。元気なときにはハキハキと働き者で活動的だった方が多いため、本人の変化に、周囲の気持ちがついて行けなくなる場合も少なくありません。こうした様子が、長期にわたればなおさらです。そんなとき「怠けてないで、少しは身体を動かしてみたら？」とか「ダラダラばかりして、少しは手伝ってくれてもいいんじゃない？」と、うっかりいつものように声をかけたくなることも少なくありません。

したがって、こうした本人の態度が、いわゆる「怠け」の状態ではなく、治療の一環として医師により指示された「休養・休息」の状態であることを、周囲がきちんと理解し忘れずにいることが大切です。それまでがむしゃらに働いてきた分、たっぷり休息をとることが、うつ病からの回復には最も大切な「薬」となります。

どうしても理解しがたいと感じるときには、本人の了解を取った上で、主治医から直接説明を受けることや、主治医と相談してみることをおすすめします。解決のための大切な方法のひとつです。

「気のもちよう」では回復しない

「こころの病」という発想から、「それならば、気のもちようで何とかなるのでは？」と考えてしまう人が、どうやら少なくないようです。実際には、本人

の気の持ちようでは状態が改善しなかったので専門的な治療を受けることになり、回復を図っているのだと、これまでの発想を多少転換する必要があるだろうと思います。

　うつ病は、身体要因も深く関わっている病であるため（不眠、全身倦怠感など）、ニュアンスとしてはむしろ「身体の病」と考えていただくほうがよいのではないでしょうか。たとえば糖尿病や胃潰瘍（かいよう）が気のもちようだけでは回復しないのと同様に、うつ病の場合も精神面のみ焦点を当てるのではなく、身体の病と同等に身体面をケアするスタンスがとても大切です。「気のもちよう」で片付けるのではなく、良質な睡眠の確保が治療として必要であり、回復への近道となります。

コラム
うつ状態と関わりの深いその他の精神疾患や状態について

- 双極性障害

　かつては「躁（そう）うつ病」と呼ばれていた精神疾患で、躁状態（ハイで爽快な気分）とうつ状態を反復する病気です。躁状態のときに、自分がこれまで築いてきた社会的基盤、財産、家族、友人などを一気に失うリスクを孕（はら）むにもかかわらず、当の本人は気分爽快で危機意識が大変薄く、人生の破綻を招きうる危険な状態と考えられます。

　双極性障害のうつ状態は、うつ病のうつ状態とほとんど変わらず、区別がつかないものの、双極性障害とうつ病とでは精神科での治療法も薬も異なるため（治療法は確立しています）精神科にて正確な診断と治療を受けることが必須です。

• 適応障害

　誰でもストレスフルと感じるような状況に対し、何らかのストレス反応が生じている状態で、なおかつ、ストレッサー（ストレスの源。詳しくは第16章を参照）の性質に鑑みるとその反応がやや過剰であり、社会的または職業的機能を著しく損なう状態を指します。抑うつ気分が存在し、大うつ病性障害の基準を満たさない場合に、この適応障害とみられるケースが多くあります。適応障害の特徴として、ストレスが終わった時点で症状が半年以内に回復するという点が挙げられます（うつ病はストレスが消失しても症状が続きます）。

• 死別反応

　最愛の妻や夫、子どもや親を亡くしたといった死別体験により気分が沈むことは、自然な感情の動きです。大切な人を失った悲しみと痛みは消えるものではなく、時が経つにつれて、少しずつ故人不在の現実を受け容れ、再び人生を歩み始めるというのが、多くの人がたどる経過となります。しかし、突然の死別をきっかけに強い悲嘆反応が見られ、うつ病やPTSDを併発する場合があるので、注意が必要です。

第9章
"ザワザワ"と休まらないこころ

1　統合失調症

休み時間に講義室を移動中の人見知世さん。聞きなれた大きな声がしたので目をやると、松山修造君が電話で誰かと話しているようです。

松山修造：……それ本当かよ！？あいつが練習来ないなんて相当だな。様子が変だって聞いてはいたけどさ……顧問とかコーチにも相談した方がいいぜ！一人で抱えんなよ！ああ、じゃよろしくな。

人見知世：あ、シュウシュウ！（手を振る）誰と電話してたの？声もリアクションも大きくて、遠くからでもすぐわかったよ（笑）

松山修造：おぉぉ……ひ、人見さん……（嬉しそう。顔が赤くなる）……や、バスケ部の友達から電話で、後輩のDってマジメな奴がずっと練習休んでるんです。誰もいないのに声が聞こえるって怯えてるらしくて……。

人見知世：あれ？それって……さっきの講義で習った病気に似てるかも。

　先輩の松山君を誰よりも尊敬するD君は、物静かな高校3年生です。バスケの練習にとても熱心で人当たりもよく、みんなから好かれています。
　ただ、最近調子を崩し、ありとあらゆる物音が以前より気になるようになりました。何となく全身が"ザワザワ""ソワソワ"する感じがあって、課題やテストに集中できません。家族や友人と話をしている時でも、どこかぼんやりしてうわの空です。会話の途中で言葉が途切れたり、一人でブ

ツブツ何かを呟いていることもありました。

　自分が自分ではないような、何ともいたたまれない感じがあり、みんなが自分をじろじろ見ているような、噂しているような気もします。気持ちが休まるときがなく、しんどくて叫びたくなるような瞬間が何度もありました。

　最近では自室にこもることが多く、「近所の人が僕を24時間見張ってる……」「ラジオで指令が……これは国家機密だ……」「誰かが僕の名前を呼んでる……"バカ"とか"死ね"って……」と家族に話すほか、散髪や入浴を嫌がるようになりました。表情に独特の硬さが見られ、ここ２日ほど昼も夜もあまり眠っていません……。

✎ D君があなたの友達だったら、あなたはまず何をしますか？

統合失調症とは何か

　統合失調症（Schizophrenia）とは、脳をはじめとした神経系にトラブルが生じ、感覚が過度に敏感になり、頭のなかが騒がしくなるといった慢性の病気です。緊張と弛緩、そして意欲の働きのほか、情報処理に関わる機能に不具合が生じ、回復には十分な時間を必要とします。

　どの時代のどの文化圏にも、およそ100人に１人の割合で一定数みられ、代表的な精神疾患のひとつとして、精神医学でも臨床心理学でも関心が注がれてきました。時として夢と現実の区別がつかないほどの混乱（幻覚・妄想）が生じるなど、急性期の症状は強いインパクトを与えることから、一般にどこか特別でわかりづらいものとされ、残念ながら正確かつ的確な理解が進みにくいこ

ころの病のひとつといえるでしょう。

統合失調症の症状

①幻覚（幻聴や幻視など）

②妄想（現実とは異なる誤った確信）

③話のまとまらなさ（言葉に表れる連合弛緩）

④行動のまとまらなさ（行動に表れる連合弛緩）または、緊張病性の行動

⑤陰性症状（感情の平板化または意欲欠如）

出典：松崎朝樹（2018）「精神診療プラチナマニュアル」。

統合失調症の経過プロセス

　統合失調症には上記に示すような数々の症状が認められます。DSM-5を参考に、精神科医が統合失調症を診断するには、上記①～⑤のうち２つ以上（④と⑤の組み合わせは不可）が半年以上持続していることが目安となります。このような社会的・職業的機能が低下した状態が続き、また、経過時期によって症状が異なることも特徴のひとつです。

　経過プロセスとしては、はじめに独特の恐怖体験をともないながら、幻覚、妄想、知覚変容など、激しい症状が生起する「急性期」を迎えます。その後に続く「消耗期」では、陰性症状の進行に注意しつつ、十分な休息をとることで、ゆっくりと「回復期」に向かうといわれています（伊藤，2002）。

　「急性期」はいわば神経活動が過度にめざましくなる時期です。自分の身の周りのものすべてが何らかの意味を持っているように感じられて、いろいろな考えが渦を巻き、整理がまったく追いつかず、さきほどのD君のように「頭のなかがザワザワしている状態」で落ち着かなくなります。そして連合弛緩とよばれる状態、すなわち連想や思考がバラバラになり、なすすべもなく圧倒されている状態に陥ります。未来を先取りし、兆しや徴候に敏感になる一方で、集中力や注意力は低下し、行動にもまとまりがなくなっていきます。

　この段階で医療機関にて適切な薬物治療を受けられると症状は徐々に沈静化

し、次の「消耗期」を迎えます。消耗期では、充分な睡眠をとることでエネルギーが蓄えられ、急性期に消耗した神経系の回復が年単位で進んでいきます。

そして「回復期」になると、その人本来の健康な部分や生活リズムが復活し、自らの興味関心に基づいて緩やかに活動範囲を広げていくといった道筋をたどります。

その後も再発予防の工夫が欠かせないという点で、本人をはじめ、家族、専門家とが協力しながら付き合っていく慢性の病といえるでしょう。

2　回復に向けて

生物学的アプローチによる治療

統合失調症においては、抗精神病薬を中心とした薬物療法が第一選択です。消耗期を経て回復期に至ってからも、再発防止のため、長きにわたり服薬が勧められます。とくに急性期では外からの刺激を取捨選択する機能が弱まり、洪水のごとく押し寄せる情報量に圧倒されて情緒不安定になるため、服薬に加えて、身の安全確保のために入院を勧められます。病院という環境がもたらす"鉄壁の守り"が必要です。

院内ではリハビリテーションを目標とした、よく計画された生活が安心感を与え、回復プロセスを支えると考えられています（作業療法・Social Skill Training（SST）・芸術療法ほか）。病院での生活を通じて病気との付き合い方を実践的に学ぶことができ、その後の社会復帰との関連で注目されます。

地域精神医療と再発予防

入院治療により症状が落ち着いたら、自宅やグループホームからの精神科外来への通院とデイケアへの参加へと切り替わります。消耗期は疲れやすくなっているため、ゆっくり時間をかけて社会参加の場を確保し、生活を営むことになります。

統合失調症は、ストレス過多の状況に置かれると再発しやすいため、過度な

頑張りや無理を要求されない生活の工夫が必要です。2～3日不眠が続くなど睡眠に乱れが生じたら、調子が崩れるサインと捉え、すぐに主治医に相談することが最善の予防となります。

3　周囲の対応ポイント

病についての正しい知識

　統合失調症は経過が長いため、本人と周辺の方々、なかでもご家族は、統合失調症について正確な知識を得るとともに、本人が直面している現実や体験世界について、少しずつ理解を深めることが最優先となります。

　自治体の保健所や精神科クリニック主催の"家族会"などへの出席など、積極的に学びの機会を得るほか、同じ状況にある方々との情報交換を続けることで「自分たちだけではない」と知り、結果、本人の安心感が増すのだと考えられます。

不眠改善策としての受診のススメ

　本人は自らの病状についての自覚が乏しいため、周囲が医療受診を勧めたとしても、本人が拒否するパターンが多いです。そこで提案として、不眠を理由に受診を勧めるという工夫が考えられます。実際のところ、奇妙な言動が見られる時点で、睡眠障害をともなう場合がほとんどであり、過度の覚醒を静めることは病状の悪化を防ぐための大切な対応でもあるからです。

　たとえば「睡眠が十分取れないことは身体によくないし、この状態が続くと私も心配だから、一度一緒に相談に行こう」と声をかけると、医療受診への抵抗が和らぐ場合も少なくありません。

気持ちによりそい、安心感を増やす

　処方される薬は症状を抑えることに役立ち、疲れた身体と心を休ませ、本人の健康な部分を広げる役割を担っていますが、本人が感じている「孤立」や

「孤独」への効力はあまりありません。本人が持って生まれた回復力・自然治癒力を高めるためにも、周囲の温かな見守りと関わりは不可欠といえるでしょう。本人が少しでも「わかってもらえる、大事にされている」と実感でき、安心感が増えるような働きかけを工夫してみましょう。たとえば"あなたは私にとって大切な人だよ"と、折に触れて言葉や態度で伝えることも、ひとつの方法です（中村・高森，2016）。

　そのほか、彼らが語る自身の奇異な体験世界について"そんなことをあるはずがない"と、こちらが認識を正そうとすると、本人は救いのない気持ちでいっぱいになります。また、家族や友人がよかれと思って行う助言や忠告は、一見効果的に見えますが、結果的に本人のなかで「わかってもらえない」「否定された」という思いにつながり、こころの負担が増えるばかりです。

　そこで、容易には想像しがたい体験に日々さらされている本人の辛い気持ちに焦点を当て、「そんなことが……大変だったね……」「それは辛かったね……」と、ご本人の気持ちによりそうスタンスで声をかけてみましょう。こうした関わりを続けることは、自分は一人ではないという安心感を培い、回復に向けての共同作業を進めるための豊かな土壌を築くこととなります。

余裕やゆとりを保つこと

　精神科医の中井久夫氏は、統合失調症の回復において「ゆとり」の重視を挙げています（中井，2015，2016）。一見元気そうであっても、焦りをベースに何か取り組んでいる様子があるなら、本人も周囲も勇気をもってその活動にブレーキをかけることが大切です。

　本人のこころのなかに「ゆとり」が保たれ、「とりあえず始めてみようか。大変ならやめればいいし」くらいの柔らかな姿勢で取り組める状態が"ホンモノの元気"です。本人のこころの真ん中に安らぎに似た「ゆとり」がつねに保てるよう、周囲からのあたたかな雰囲気による守りが一番の薬であり、栄養であるといえるでしょう。

第 10 章
"ドキドキ"が止まらないこころ

1　パニック障害

学食で森野さんと松山君を見かけた人見さん。森野さんはめずらしく、何やら考え込んでいる様子です。

人見知世：ふたりとも、おつかれ〜！ランチ、混ざってもいい？

松山修造：おぉぉ……（顔赤くなる）人見ちゃん、もちろんです！ここ！ここ！！ここに座るといいですよ！！

人見知世：ありがとうシュウシュウ……あれ、ハルハル？どうしたの、元気ないね。

森野晴香：さすが心理学科（笑）ヒトちゃん、鋭いねぇ。それがさ……ウチの姉、萌香が昨晩また救急車で運ばれてね。萌香ってほら、すぐドキドキするし心配性じゃん。就活が大変らしいけど、このパターンもう3回目で家族もさすがに困ってさ……。

松山修造：ドキドキ……おぉ、今やべぇ！自分、最高ドキドキしてんだけど……。

森野晴香：あんたのはわかりやすい恋わずらいか、ただの食べ過ぎでしょ？

松山修造：ばっ、ばか言ってんじゃねーよ！！（動揺。コップを倒しそうになる）

人見知世：ほらほらシュウシュウ、コップ気を付けて……。ハルハル、そうだったんだ。それは大変だったね……萌香姉さん。確かに

第 10 章 "ドキドキ" が止まらないこころ

ちょっと心配だね……。

　萌香さんは就職活動中の学部 4 年生です。先日、帰宅途中の駅で、突然ぎゅっと胸が締め付けられて、心臓がドキドキし、呼吸困難になりました。息を吸っても吸っても空気が足りず、とても怖くなり、その場にしゃがみ込んでしまいました。傍に来てくれた駅員さんに救急車を呼んでもらい、やっとの思いで救急病院に着いた時には、まるで嘘のように落ち着いていて、本人も驚くばかり。診察と簡単な検査を受けましたが全く異常はなく、その場で帰されました。

　その後も同じような息苦しさとドキドキが見られる度に救急車を呼び、やがて回復、の繰り返しで、家族や友人らは本人を心配に思いつつも、毎回の大騒ぎに「……また？」との思いもあり、複雑な心境です。

　萌香さん自身、恐ろしいやら恥ずかしいやらで、肩身が狭く、やりきれない思いです。「それにしても、あれって何かの病気なのかな……怖い……もうあんな思いしたくない……」と、次第に駅をはじめ、電車やバスの利用も避けるようになり、外出そのものも怖くなってしまいました。

✎ 萌香さんがあなたの友達だったら、あなたはまず何をしますか？

―――――――――――――――――――――――――――――
―――――――――――――――――――――――――――――
―――――――――――――――――――――――――――――

パニック障害とは何か

　パニック障害 (Panic Disorder) とは、不安障害群の一種であり、予期せぬパニック発作が生じたことを機に、さらなるパニック発作が起こるのではとの心配や不安（予期不安）が募り、運動や不慣れな状況を避けるといった不適応的

111

変化が1か月以上続く場合に診断されます。パニック発作とは、他の人なら怖いと思わない状況で不安や恐怖、強烈な不快感を覚える発作であり、体験としては次のように語られます。

- 動悸、心拍数の増加（「心臓がドキドキする」）
- 息切れ感、息苦しさ（「息が出来ない感じ」「空気が足りなくなる感じ」）
- めまい感・気が遠くなる感じ（「頭がふわっと軽くなる」「ふらふらする」）
- 発汗・身震い・震え（「手の平に汗」「変な汗がでる」「ガタガタ震える」）
- 胸部および腹部の不快感（「胸が締め付けられる」「ムカムカする、吐き気」）
- 激しい恐怖（「死ぬのではないか」「どうにかなってしまうのでは」）

発作そのものは数分と短時間でありながら、長きにわたり強烈な印象を残すのが特徴で、「再びあの恐ろしい体験が」とビクビクしながら過ごすようになります。

萌花さんの場合、公共交通機関の利用を避けるほか、外出そのものにも消極的になるなど、回避行動による日常生活の支障がみられるため、パニック障害に加えて広場恐怖症の可能性も考えられます。こうしたパターンはパニック障害においてよく見られるものです。

パニック障害は青年期から成人期にかけて多く見られることから、高校生や大学生にとって比較的身近なこころの不調の一つといえます。

パニック障害のメカニズム

不安とは本来、私たちの命を守るために役立つアラーム機能だと考えられています。身の回りの危険をいち早く察知し、不安が発動して「逃げるか戦うか」の戦闘モードに切り替わり、迅速な対応が可能となって危険を回避するという仕組みです。

いうならば、私たちには生まれながらに生物学的な「火災報知器」が備わっており、気付かないところでいつでも守られているわけです。興味深いことに、

この内なる火災報知器のセンサーの感度は個人差が大きく、性能の優れたタイプもあれば、なかなか鳴らないのんびりタイプもあり、アラームの音量にも大小の違いがあるようです。

この仕組みが問題となるのは、センサーがあまりに敏感で、危険とは言えない小さな変化に対してもアラームが鳴り続けるといった誤作動の場合に限られます。この状態がまさに「パニック発作」であり、どんな小さな刺激も見過ごさず、アラームがうるさく鳴りっぱなしで一時的に解除不能となるため、本人は戦闘モードのまま緊張で休まらず、心身が消耗します。そして、このようなパニック発作を恐れるあまり、発作を引き起こしたと思われる特定の行動や状況を避けるといった症状がよく見られます。

2 回復に向けて

薬物療法と心理療法の並行

火災報知器の誤作動とも言える過敏反応をいかに"オフ"にするかが、回復のポイントとなります。不安の症状が強いときには、まずは薬物療法を受けることで一時的な"オフ"が可能となり、心身ともに緊張が和らぎます。

また、薬物療法と同時並行で、臨床心理士や公認心理師に心理療法／カウンセリング（認知行動療法・精神分析的心理療法など）を受けることにより、本人自らがパニック発作への対処法（コーピング・スキル）や、予期不安や回避といった不適応的変化への対処法を覚えて練習を繰り返すことで、自らのアラームとのつきあい方や調節方法がわかり、症状に振り回される不安の日々から解放されることが可能となります。

相談する際は、薬物療法と心理療法の同時進行が効果的であることから、臨床心理士や公認心理師の働く精神科クリニックを受診することをお勧めします。

パニック発作の予防策

パニック発作への対処法は、そのまま予防策としても役立つことから、ここ

第Ⅲ部　こころ・からだ編

では、アンドリュースら（Andrews et al., 2002）によって紹介されている症状へのコーピング・スキルを、効果的な予防策としてご紹介します。

彼らは、パニック発作の本体を「不安警報の過敏さ」と捉え、その要因として、次の３つを挙げています。

パニック発作の要因

①ストレス	物理的／化学的／身体的／心理（精神的）ストレッサーにより、ストレス反応が増大したとき、これらのストレスに反応し不安が生じる。
②過呼吸	早く息をしすぎたり、深く息をしすぎたりすると、過呼吸になる。過呼吸を起こしている本人は気がつかないでいることがある。過呼吸により、息苦しさやめまいなどの不快な症状を生じ、さらに長く続くと、呼吸が制限される感覚や胸の締め付け、恐怖感の増強といった症状に至る。
③性格特徴	ふだんからよく思い悩む傾向。自分の健康について心配しすぎる。敏感で感情的で心配性な傾向。

出典：Andrews, et al.（2002）をもとに筆者らが作成。

逆に考えると、①〜③の条件をできるだけ満たさない状態をつくれば、パニック発作の可能性が減るということを、この表は示しているとも言えます。これらの条件をクリアしないよう、日々の生活のなかで心がけることで、パニック発作を未然に防ぐことが可能です。

アンドリュースらはこれらの条件のうち、治療上、もっとも関心を向けられるべき要素は「過呼吸」であると説明しています。なぜなら、過呼吸そのものに不安な気持ちを増悪させる力があるばかりでなく、パニック発作の症状は主に、過呼吸の症状に出来していると考えられるためです。過呼吸がひどくなれば、パニック発作の症状も悪化するといった悪循環を招くため、過呼吸に陥らないよう、自分の呼吸をほどよくコントロールする技を普段から身につけておくことが、パニック発作への対処法として、また予防策として効果的です。

呼吸のリズムを知る

過呼吸への対策として、まずは自らの呼吸にすこし目を向けて、自分自身が

刻んでいる呼吸のリズムやテンポをおおまかに把握してみましょう。この「おおまかに」というのが、呼吸を把握するときに必要となる大切なコツです。あまり厳密に測定しようとすると、かえって身構えて緊張してしまい、普段のリズムが妨げられてしまいます。まずは静かな場所に移動し、ゆったり椅子に腰掛けてから、測定を始めてください。

　時計やタイマーを見て、現在の自分が1分あたり、何回呼吸するかを数えてみましょう。ルールは、吸って吐いて1回と数えること、です。

> 1分間のうち呼吸の数は：＿＿＿＿＿回

　いかがでしたでしょうか？　ちなみに一般的に知られている、安静時の"ほどよい呼吸"（＝過呼吸・パニック発作を起こしにくい呼吸）は1分間に10～12回と言われています（Andrews et al., 2002）。ほどよい呼吸のコツは、お腹を使うことと、鼻で息をすること、この2つです。早すぎず深すぎず、ゆるやかで軽やかな呼吸に少しずつ近づけてみましょう。

呼吸法の活用

　ほどよい呼吸を身につける方法として、ここでは「丹田呼吸法」を紹介します（飛鳥井, 2016）。昨今ではストレス・マネジメントの一環として、さまざまな呼吸法が提案されているので、ぜひ自分が心地よいと感じるものを探し出してみてください。

丹田呼吸法

①椅子にらくに腰掛け、全身の余分な力を抜く。
②おへその下の下腹部（丹田）に、風船が入っているとイメージする。
③口を閉じて、鼻から細く長くゆっくり息を吐き（1から6～8秒まで数えるくらい）、おなかの風船をへこませるようにする。

第Ⅲ部　こころ・からだ編

④吐ききったら、そのまま1拍おく（2秒数えるくらい）。
⑤おなかの風船をふくらませるように、鼻かららくに息を吸う（1から3〜4秒まで数えるくらい）。

出典：飛鳥井（2010）「「心の傷」のケアと治療ガイド」。

　これらの呼吸法の多くは、ヨガや座禅、古来の東洋の武術に取り入れられている呼吸法の応用です。呼吸法は、いわゆる"深呼吸"とは異なります。深呼吸は、息を吸い込むところに力点が置かれていますが、呼吸法ではもっぱら「息を吐くこと」が主役となります。「軽く息を吸い、長く息を吐く」という動作は、私たちの自律神経系、すなわち副交感神経が刺激されて交換神経の過剰な緊張が緩むため、自然とリラックスした状態をもたらし、過呼吸になりにくい状態身体を整えてくれます。したがって、過呼吸の予防もさることながら、過呼吸の症状が出始めたときにも心身の状態を落ち着かせることができ、パニック発作に至らずにすむので、有効な方法です。

　呼吸法で大切なポイントは、息を深く勢いよく吸い込まない（深呼吸しない）ことです。はじめからできる人は少ないため、自分なりにコツをつかむために、日頃から3〜5分程度の練習を続けましょう。練習そのものがパニック発作の予防になるのはもちろんのこと、自分なりにマスターしておくと、いざというときに活用できるので、安心感があります。
　また、ストレスによる不安や緊張への抵抗力を高めることができるため、発表前の緊張にも効果的です。

呼吸法は薬とは違って副作用はないため、日頃から練習し、技として身につけておきましょう。自分一人で練習するのは難しいと感じる場合には、大学内の保健センターや学生相談室にて専門家と一緒に練習をすることをお勧めします。

3　周囲の対応のポイント

まずは落ち着こう

　友人や家族がまさにパニック発作に見舞われている時、本人をこれ以上混乱させないためにも、まずは落ち着いた態度で接しましょう。安心確保のために冷静さを保つことが大切です。目の前の出来事にあわててしまい、我を忘れてしまいそうなときは、先ほどの呼吸法などを活用しましょう。呼吸が整うと、気持ちは穏やかに落ち着いてきます。

　本人に対しては、「大丈夫。危ないものは何もないよ。だんだんと落ち着いてくるからね……」と声をかけ、ひとりにせず、傍にいましょう。本人が頓服薬を持っているようなら、その場で飲んでもらいましょう。

息を吐くように促す

　相手が過呼吸に見舞われているときには、できるだけ、ゆっくり息を吐き出すよう促すことが大切です。本人は自分がいま酸素不足にあると感じて、大急ぎで大量に空気を吸い込もうとしますが、これは症状を悪化させてしまいます。なぜなら、過呼吸の状態というのはそもそも「息を吸いすぎて苦しくなっている状態」のため、さらに空気を吸い込んでしまうと、血中の酸素と二酸化炭素のバランスが乱れ、結果的に身体はますます苦しくなるのです（Andrews et al., 2002）。

　本人はこうした「あべこべ状態」に気付くことは難しいので、周りから声をかけ、まずはゆっくり息を吐き出すよう促すことはとても有効です。緩やかなペースで呼吸をするように促すと、症状が和らぐ可能性が高まります。

　またパニック発作を起こしていない平常時に、本人に過呼吸のメカニズムを

理解して頂くよう促すことも同じく効果的ではないかと思います。理解した上で、周りからの声かけがあると、とっさのときに息を吐き出しやすくなるだろうと思います。

体験に耳を傾ける

　パニック発作が本人に与える印象は強烈なもので、実際に死に至ることはないにしても、死を連想するほどの強い恐怖をともないます。そして波が引くように、症状がすっと落ち着いてしまうのも、極めて特徴的です。森野さんのお姉さんのように、救急車で病院に運ばれたときには激しい症状がすっかり落ち着いていて、自分でも何が何やらわからず、何とも気まずく身の置き所のない思いをするというのが、本当のところでしょう。自分のしたことが情けなく恥ずかしく、小さくなっている人も少なくありません。

　こうした症状の特徴から、「毎回、大げさなんだから……」と周りが思ってしまうのも、ある程度は無理もないことかもしれません。経験したことない人にとっては想像が追いつかないところがありますが、発作時の体験について「もう少しで死ぬかと思った」と強い恐怖を語るパニック障害の患者さんがかなり多いのは事実です。

　周囲にできることとしては、体験談などを通じて想像を働かせつつ、本人が発作時とにかく苦しい思いをしているという点に気持ちを寄せて、本人の語りに耳を傾けてみましょう。「それは怖いね。大変だったね……」と寄りそう人がいてくれることで、本人の気持ちは少し和らぐだろうと思われます。

専門家への相談のススメ

　発作を繰り返していたり、不安な気持ちで生活が制限されているような場合には、症状の悪化を防ぐためにも、できるだけ早く精神科クリニックまたは心療内科クリニックを受診し、薬物療法を始めることを勧めることが大切です。

　パニック発作を経験している人は、多かれ少なかれ「自分の力ではどうすることもできない」という無力感にさいなまれている部分があります。しかしこ

れは自分が弱いとか、おかしくなったということではなく、専門家とのやりとりのなかで、あくまで病気の症状として起きていることだと改めて理解し、具体的な対処方法がわかることで、失われた安心感を取り戻すことができます。

　医療受診に抵抗がある場合には、キャンパス内の保健センターや学生相談室にて、まずはこころの専門家に一度相談するよう勧めましょう。家族や友人が付き添うことも、安心感を増やすひとつの方法です。

第11章
人づきあいで"カチコチ"になるこころ

1　不安障害（社交不安障害）

大学の最寄り駅のホームで井伊谷舞香さんは偶然、人見知世さんを見かけました。人見さんはひとりトボトボと改札への階段を上がっています。

井伊谷舞華：ヒトちゃんおはよー！どうしたの？朝からなんか凹んでる？

人見知世：舞華おはよ……。さっきさ、同じ車両にクラスメイトのSさんがいてね……微妙な距離で、声かけようかすごい迷って……めちゃめちゃ親しいわけでもないし、でも無視したら悪いかな……どうしよう……と思ってたら駅に着いちゃった……。私って、ダメだなぁ……。

井伊谷舞華：それわかるー！そういう時って気まずいよねー。舞華もこの前、法事でひさびさに親戚に会ったんだけど、気まずくって。何となくスルーする感じにしてたら、親に怒られてさ〜。おじさんとか従兄弟とか、ちっちゃいときは何でもなかったのにね。

人見知世：へー！舞華でもそんなことあるんだ！ちょっと安心しちゃった。

井伊谷舞華：なにそれ！（笑）あ、そういえばバイト先の先輩がかなりの恥ずかしがりで、発表とかできなくて悩んでたなぁ……。最近シフト入ってないけど、どうしてるかな……。

第 11 章　人づきあいで"カチコチ"になるこころ

　学部3年生のEさんは、グループワーク中心の講義で、発表の担当が自分にまわってくると、いつも心配な気持ちでいっぱいになります。「人前って苦手……上手くできるだろうか……」「失敗したら、何て言われるか……」と、直前まで張り詰めた状態が続き、時にはご飯も食べられず、ヘトヘトになります。友人からは「ちゃんとできてるよ、大丈夫大丈夫！」と励まされますが、とてもそんな風に思えない……と、Eさんはひとり思い悩む日々でした。

　やがて就職活動が始まり、Eさんはますます気が重くなりました。本日の面接が集団形式だとわかったとたん、手が震えて、頭がカーッと熱くなり、冷や汗が流れてきました。周りが気になって、準備したことの半分も言えず、全身カチコチで、恥ずかしさと苦しさでめまいがして「自分はもうダメだ……」とすっかり落ち込んでしまいました。

　Eさんはその後、就職活動の継続が難しくなり、大学の講義もアルバイトも、ほぼ休むようになりました。「……このままでは人前が苦手すぎて就職もできないし、卒業だって……どうしよう……どうしたらいいのか……」と、自宅でひとり途方に暮れています。

🖉 人見さんがあなたの友達だったら、どんな風に声をかけますか？

🖉 Eさんは今、どんな状態だとあなたは考えますか？

社交不安障害とは何か

　社交不安障害は不安障害群の一種で、他人の目の前で注目されたり評価される状況に強い不安と苦痛を覚え、今にも恥をかくのではないかと恐れるのが特徴的です。実際、思うような評価が得られなかったり、失敗をしたりしたときには強い苦痛を覚え、幾日も忘れることができません。

　社交不安障害が問題となるのは、自分自身に対して極度に自信を失い、劣等感で悩むことや、人前にでることが苦痛で社会生活に明らかに支障をきたす点においてです。好発症年齢は青年期から成人期にあたる10代後半から20代前半といわれており、高校生や大学生などに、広く一般的に多いこころの不調と考えられます。

　ちなみに人見さんの様子を見る限りでは通常の社交不安、すなわち「恥ずかしがり」や「引っ込み思案」のレベルであり、日常生活への支障はほぼないといえます。一方、Eさんの例になると、人前に出ることが苦痛で、就職活動の中断はおろか、大学も休んでおり、日常生活に支障を来していると考えられます。このような場合、専門家のもとを訪れることが回復への一歩となるでしょう。

2　回復に向けて

カウンセリング・心理療法が有効

　心理臨床の専門家である臨床心理士や公認心理師によるカウンセリング・心理療法（認知行動療法・精神分析的心理療法を含む力動的心理療法・森田療法など）が有効であると考えられます。したがって、まずはキャンパス内の学生相談室を訪れてみることをおすすめします。

　認知行動療法の「曝露法」は、効果的に「慣れ」を促進することで、緊張・不安を軽減します。たとえば発表場面や面接場面で極度に緊張するという場合に、発表を行う会場の近くに行くことや、面接場面を想定して自己PRの原稿を読み上げてもらうなど、本人が不安・緊張を強く感じる設定に出向くよう、

無理のかからない程度に段階的に促します。その行動ごとに、不安の程度を本人の主観に基づいて 0〜100％の幅で記録し可視化します。この記録用紙を不安階層表といいます。最初は100％の強さで不安を感じ、心臓がドキドキしますが、その場で第10章のパニック障害のところで取り上げた呼吸法やリラクゼーション法を行うことで、不安の強度が70％、40％と徐々に減っていきます。これを何度も繰り返すことで、徐々に特定の行動を行うことや、特定の場所に出向いても、不安の強度が跳ね上がるということはほぼなくなります。

　これは、問題となっていた行動をとっても、問題の場所に出向いても、"何も恐ろしいことは起きなかった"という新しい"学習"が成立し、その人に内在する生物学的な「火災報知器」が誤作動を起こさなくなったためです。これは一般的な言葉でいうと「慣れた」ということであり、人前で発表したり、面接を受けたりしても、以前のような大きな生理的反応は見られなくなります。

　またこうした問題行動についての本人の認知、つまり「緊張で発表できなくなる」や「面接では必ず失敗する、ダメな奴だ」というアイディアは、もはや実状と合わなくなるので、徐々に変わっていきます。人前に出ることをことさらに恐れる自分から、卒業することができるのです。

生物学的アプローチによる治療

　不安や恐怖の症状が重い場合には、抗不安薬や抗うつ薬を中心とした薬物療法と並行するかたちで、カウンセリングや心理療法が進められることが望ましいと考えられています。

　したがって、臨床心理士や公認心理師の働く精神科クリニックを受診するようおすすめします。ひとつの機関において、精神科医と心理の専門家に同時並行で相談することが可能となるためです。

　キャンパス内の保健センターや学生相談室にて、専門機関を紹介してもらえる場合も多いので、迷ったときにはこれらの施設にご相談ください。

3　周囲の対応のポイント

本人の語りに耳を傾ける

　Eさんの例では、友人から「大丈夫だよ」と励まされていますが、本人の耳にはそのメッセージは届いていないようです。「とてもそんな風には思えない」と、よりふさぎ込んでいるようにも見えます。むしろ本人が実際には「どんな風に」思っているのか尋ねてみて、本人の語りに耳を傾けるというのはひとつの方法です。

　話を聞いているうちに、聞いている側はだんだんとウズウズし始めて「Eさん、そんな風に考えていたらダメだよ！」「そんなことないって。大丈夫だよ」と、ついお説教したり、ポジティブな調子で否定してしまうものです。そうなると、相手のこころにはどのような体験が生じるでしょうか。「……わかってもらえないか」や「……本当にそのとおりだなぁ。私ってダメだなぁ」と落ち込み、ますます閉じこもってしまうかもしれません。

　そんなときはむしろ「それは大変だったね……」のひとことのほうが、静かに孤独な戦いを続けていた本人のこころには染みるのではないでしょうか。本人の考えやスタンスを批判したり否定しないよう、心がけましょう。

専門家への相談を勧める

　本人がゼミをはじめ、大学を休みがちになった場合には、できるだけ早いうちに専門家に相談するよう勧めることが大切です。自宅に閉じこもりがちになってから時間が経過すると、外に出てくることへのハードルそのものが高くなるためです。自分ひとりで抱えこむパターンが多く見られるため、周りから少しずつ声をかけてみましょう。相手が友人であるなら「いつでも話聞くよ」というメッセージのほか、「学生相談っていうのがあると聞いたよ。よかったらちょっと行ってみない？」と誘ってみるのもひとつの方法です。

　この症状に悩む人は、とくにキャンパスライフを過ごす10代後半から20代前

半の年代にかけて多く見られます。全体人口の約10％と言われていますが、10代20代に限定するとその割合はさらに多くなるものと考えられます。

　この悩みを抱えている人は、おそらく本人が想像しているよりも、ずっとたくさん存在するという事実とともに、「あなただけではない。ひとりではないよ」と伝えることで、少しでも本人の安心感を増やすことが大切です。

症状だと理解する

　医療機関で社交不安障害と診断された場合、こうした状態が続いているのは、本人が弱いわけでも、度胸や努力が足りないわけでもありません。あくまで社交不安障害の「症状」であることを、周囲がしっかり理解していることが大切です。

　先述のパニック障害の場合と同じように、少なくとも本人は自分の状態が自分の弱さや勇気のなさに由来すると考えて、自分自身を責めることが多いようです。残念なことに、周りも本人と同じように考えているケースも時折見られます。

　本人としては、自分の力だけでは事態はなかなか収束しないため、どうしたらいいのだろうかと、その多くが途方に暮れています。ひとり無力感を抱えたまま、自信をなくしている場合も少なくありません。

　人によっては「こんな自分が恥ずかしい」と感じて、他者との接触を避け、徐々に社会生活から距離をおくようになる場合があります。無力感と徒労感からひきこもりの状態へと移行する例も見られます。したがって、こうした傾向が多くは症状によるものだ、との周囲からの声かけが、早い段階で本人の耳に届くことがまずは大切です。加えて、本人の力で状態の改善を図ることは充分可能であり、かつ有効であることを、折にふれて伝えてみましょう。

第12章
"コダワリ"が止まらないこころ

1　強迫性障害

授業の合間に3人がなにやら雑談しているようです。

人見知世：ハルハル聞いて！！もー最悪。昨日バイト先のトイレに名札落としてね、10回くらい石鹸で洗っちゃったよ。

森野晴香：ひゃー、ヒトちゃん。運、悪かったね。でも10回洗っても衛生的には無意味よ。

松山修造：自分は落ちたもんでも3秒以内なら食べられます！全然セーフです。

人見知世：……。

森野晴香：もー、シュウシュウそれじゃ慰めになってないよ。ヒトちゃん、衛生といえば最近の家畜の糞尿処理の研究に面白いのがあって。

人見知世：あ、ハルハル……その話はちょっと。

森野晴香：ごめんごめん。つい（笑）。そういえば衛生へのこだわりでいったら、彼の右に出る者はいないんだけど……アルコールティッシュ持ち歩いて常に何か拭いてたF君。最近見かけないけど、どうしたかな？

　森野さんの知り合いのF君は、周囲も認めるキレイ好きです。ところが最近、F君自身も「ちょっとやり過ぎか……」と思うほど、キレイへのこだわりがエスカレートしていて、本人ですら息がつまりそうになりますが、

第12章 "コダワリ"が止まらないこころ

どうしてもやめられません。

　自宅に帰るとまず石鹸で手を洗い、これを5回は繰り返します。そのあとシャワーで2時間かけて全身をくまなく洗い、部屋着に着替えます。そして、就寝時にパジャマに着替える段階でもう1時間、シャワーを浴びるのが日課です。

　また、自分のベッドをきちんと整えることも日課となっています。ベッドのシーツにはシワひとつない状態にしてからでないと安心して眠れないため、シャワーの後に毎回1時間近くかけてベッドメークを念入りに行います。布団に入るときの所作も事細かに決まっていて、ここで間違えてしまうと、就寝前のシャワーの段階から全てやり直しです。F君自身「ばかげている」と思いながらも、どうしてもやめられません。

　F君の生活は身体を洗うことと、ベッドを完璧に保つことにますます多くの時間が取られるようになり、外出もままならず、講義にもほとんど出られなくなってしまいました……。

✎ 人見さんがあなたの友達だったら、どんなふうに声をかけますか？

```
                                                                    
                                                                    
                                                                    
```

✎ F君は今、どんな状態だとあなたは考えますか？

```
                                                                    
                                                                    
                                                                    
```

強迫性障害とは何か：強迫観念と強迫行為

　強迫性障害は、その原因や発症に関わる特異的な要因は明らかになっていません。無意味で不合理であると自覚しているにもかかわらず、ある考えが急に浮かんできたり、ある行為をしてしまうのがやめられない状態となります。本人からすると、ある考えや行動を強いられたり、迫られたりしている気分になるので「強迫」と表現します。

　不合理とわかっていながら頭に浮かんできてしまうことを強迫観念といい、主にこの強迫観念からくる強い不安や、不快感を払拭するために、必要のないこととわかっていながら、その何かをせずにはいられないその行動のことを強迫行為といいます。

　代表的な強迫観念には菌に感染したのではないか、手に汚いものがついているのではないか、鍵を閉め忘れたのではないか、火を止めていないので火事になるのでは、といったものがあります。それに対する強迫行為として、しつこく掃除する（不潔恐怖）、何度も手を洗う（洗手強迫）、鍵やガスの元栓の度重なる確認（確認強迫）などがあります。

日常レベルの「強迫」

　先の人見さんのようにトイレに落としたものを拾うのは、なかなかの勇気が必要です。トイレを御不浄と呼ぶように、一般にトイレはケガレた場所とされていて、洗ってもキレイになった気がしないのもよくあることでしょう。ま

た、大学生になり、初めて一人暮らしをした人が外出後に鍵をかけたか心配になり、途中で戻って施錠の確認をすることもよくあります。

これらはしばらくすると気にならなくなり、強いて迫るほどのものではなくなります。いわば日常生活に支障をきたすレベルではなく、多くの人が体験する日常レベルの「強迫」です。このようなある程度の「強迫」は健康な人にも一時的に見受けられます。

自己完結型と巻き込み型

しかし、先述したF君のような特徴がみられ、こだわりが強く、完璧さに徹するあまり強迫行為に1日の多くの時間を費やすことがしばらく続くようになり、日常生活に明らかに支障をきたしているような場合は「強迫性障害」と診断される可能性があります。頭ではわかっているのに、"やめられないし、とまらない"ので本人にとっては、とても辛い問題になるのです。

この辛さを解消しようとする本人の努力としての強迫行為は、周囲から見ると理解できない儀式のように映ります。F君のように強迫観念に苦しみ自分ひとりで強迫行為を繰り返している場合を「自己完結型強迫」、身近な人も巻き込んで家族にも掃除や確認をさせるような場合は「巻き込み型強迫」と呼ばれています。

強迫観念や強迫行為に苦しみ、本人の学校生活や職業生活などにマイナスの影響が出ていたり、家族など身近な人が巻き込まれて苦しんでいたりする場合は、精神科を受診するなどの対応が必要となります。

性格傾向としての強迫

習慣に忠実だったり、律儀で何事もきちんと完璧にやろうとする几帳面な性格の人を強迫性格と呼びます。こだわりがあり、やや柔軟性に乏しい、ルールを厳密に守る、毎回同じパターンで正確に、規則的に順序立てて物事をきちんと行おうとするなどの特徴があります。

これらはいずれも性格傾向としての強迫の例であり、強迫パーソナリティと

して研究されてきました。かつて強迫パーソナリティが強迫性障害の背景要因として重視されたこともありましたが、現在、必ずしもそのようには考えられていません。

この強迫パーソナリティは、日本人とは元来親和性が高く、かつての日本の経済成長は、こうした日本人の特徴に支えられていたともいわれています。たとえば電車の便利さや時間の正確さは外国人からすると驚くほど「強迫的」ともいえるようですが、移動手段への利用者の信頼や安全な運行を維持することにも影響しているといえそうです。

2　回復に向けて

薬物療法と心理療法の並行

　強迫性障害の回復に向けて行われる治療は、薬物療法と心理療法を併用することが一般的です。強迫観念や強迫行為などの症状に加えて、不安感や抑うつ感もあるので、医師による薬物療法としては抗うつ薬のSSRI（セロトニン再取り込み阻害薬）により状態を安定させてから、臨床心理士や公認心理師による心理療法（行動療法・認知行動療法・その他の心理療法など）を行うことが必要といわれています。

　しかしながら、強迫性障害の方は、発症してもなかなか受診しないことが指摘されています。とくに青年期の患者さんの場合、自尊心の高さと自らの力で解決したいとの強い思いから、症状に苦しみながらも受診することへの抵抗が強いのではないか、とも考えられています。

　まずは早めに専門家に相談することが回復に向けての第一歩となりますが、そのためには、本人が強迫性障害が病気であり意志の弱さや性格の問題ではないことを知ることも大切です。精神科領域では、先述のようにまずは薬物療法により状態の安定を図りますが同時に、回復に向けて治療へのモチベーションを高めるために心理教育が行われます。自然回復が難しいことや継続的な薬物療法と心理療法によって改善の可能性があることなどの教育です。

「いいかげんさ」の獲得

ひとたび治療へのモチベーションが高まると、心理療法家は、今度は行き過ぎにも留意します。心理療法では強迫行為を減らしたりしても不安にならないようなトレーニングをしたり、自己理解を深めたりすることを行っていきます。しかし、次第に回復の目標達成についても強迫的に完璧を目指そうとなってしまうとまずいので、本人の安心感の確保とともに、いい意味での「いいかげんさ」の獲得を目指します。この場合の「いいかげんさ」は"よい加減"や"いい塩梅（あんばい）"に通じるものです。ほどほどで不安をおさめることができるようになることが回復に向けてのテーマであり、ゴールでもあるのです。

3　周囲の対応ポイント

本人の体験を否定しない

「頭ではわかるけど、なかなかやめられない」という本人の心理を周囲が理解することは困難ではありますが、本人の体験を否定しないことが、まずは本人の安心感・安全感の確保につながります。

専門家への相談を

そして、できるだけ早い段階で専門家に相談に行くように勧めましょう。たとえば、確認強迫が強すぎて家にこもりきりになってしまうと、再び出てくるまでが一苦労です。症状の緩和に薬が有効な場合が多いことを粘り強く伝えて、精神科の受診を勧めること、そして、病気についての正しい知識を身につけることが、家族など周囲の人にとっては大切です。

また、巻き込み型強迫で顕著ですが、家族など周囲の人が強迫行為に巻き込まれて苦しんでいる場合もあります。良かれと思って家族がしてあげる行為が、ますます家族間のコミュニケーションを硬直化させたりしてしまうこともあります。ご本人が受診できない場合は、家族が専門家に相談に行ったり、強迫性障害について知識を得たりすることも本人の助けになるのです。

第 13 章
食の"コダワリ"に振り回されるこころ

1　摂食障害

健康診断が近づいているので、ダイエットを始めた森野晴香さんと人見知世さん。2人は大好きなお菓子タイムを我慢しています。

森野晴香：健康診断まであと1週間、頑張ろうね。
人見知世：終わるまでガマンガマン。うーん、ちょっと辛いかも。
松山修造：おーい！あのこれ、バスケ部の先輩がくれたお土産だけど食べます？
森野晴香：げ！今時、ハート形のクッキー？すごいねぇ。う、どうするヒトちゃん？……お土産は……特別だし、この際しょうがないよね。
人見知世：先輩の気持ちだからね。一緒に食べよう。私たち意志弱いね～。
森野晴香：あいかわらずだね。クッキー食べたらまたダイエット頑張ろう。で、健康診断終わったらケーキバイキング行こうね。
人見知世：私も頑張るね。そういえば、高校の時、一緒にダイエットしようって約束した子がいてね……。

　人見さんの高校時代の知り合いGさんのことです。彼女は友だちに「あれ最近、ちょっと太ったんじゃない？」と言われたショックで、ダイエットを始めました。几帳面な彼女はカロリーを計算して食事を制限し、体重や体型にこだわるようになりました。そのうち、カロリーの高い肉類やご

第 13 章 食の"コダワリ"に振り回されるこころ

はんなどは、一切口にしなくなり、野菜、ヨーグルト、ゼリーなどをチビチビとわずかな量しか摂らず、さらにもっと痩せるために下剤を使うようにもなりました。

とはいえ、食べる量が限りなくゼロに近くなると、身体は飢餓状態となり、当然ながらひどくお腹が空くので、夜になると家にある食べものを"わーっ"と食べることが止められなくなりました。食べ終わった後はいつも罪悪感でいっぱいになり、「このままでは太ってしまう」との恐怖で、指を喉に突っ込んで吐くといった行動を繰り返すようになったのです。

結果、どんどん体重は落ちていくので、友人たちは「随分やせたね。大丈夫？」と心配しても、Gさんは「いや、みんなは控えめに言ってるだけ。私はまだまだ太っている」と言い張り、耳を貸さない状態です。身長160cmのGさんの体重は36 kg（BMI数値14.1）まで落ち込み、飢餓状態が深刻に。

それでも、大学でのGさんはサークルでも活動的で、勉強もこなして成績も良く、欠席なしで完璧にこなしていました。しかし最近になってサークルでの練習中に「栄養失調」が原因で倒れてしまい、救急車で救急救命センターに担ぎこまれ、そのまま入院となりました。

✏️ **森野さんと人見さんがあなたの友達だったら、どんなふうに声をかけますか？**

✏️ **Gさんは今、どんな状態だとあなたは考えますか？**

よくあるダイエットや食べ過ぎ

　美味しいお店を紹介する雑誌、料理の番組、お店の検索サイトなどなど、食をめぐる情報は巷に溢れかえっています。食は生命維持に欠かせません。一方で多種多様なダイエット情報も溢れかえっていて、食べることとともにダイエットへの関心の高さが読みとれます。と同時に、痩せを賞賛しすぎる日本の社会問題を反映しているようにも思います。

　そして肥満であってもなくても、多くの若者が一度くらいはダイエットに取り組んですぐに挫折したり、あるいは反対に食べ放題で頑張りすぎて、後悔するほど食べてしまったりしていることでしょう。一時的なダイエットやたまの食べ過ぎはよくあることですし、森野さんと人見さんのように友人間の絆を深めるちょっとしたイベントであったりします。テレビや雑誌、インターネットにあふれるダイエット情報を見つつ、もう一方では適当に情報を受け流して時々イベントとして楽しむくらいのほどほどの情報の取り入れ方が自然でしょう。

　しかし、痩せることへの強いこだわりが生じたり、食べ過ぎてしまうことが制御できなくなると摂食障害の問題へとつながります。

摂食障害とは何か：拒食症と過食症

　摂食障害は大きく2種類に分かれます。1つは病的なやせがある「神経性無食欲症（拒食症）」であり、もう1つは通常の食べ過ぎとは明らかに異なる過食をともない、病的なやせの基準は満たさない「神経性大食症（過食症）」です。

　摂食障害は主として青年期女子に多いこと、やせを希求する心理が顕著なこと、食の豊かな先進国に1970年代以降に急増したこと、最近では過食症が増えてきていることなどが指摘されています。また発症の要因は複雑であり、やせを賞賛する社会文化的要因、本人の自己評価の低さや完璧主義的性格や過剰適応の傾向などの心理的要因や、両親の不仲といった家族環境などが複雑に絡んでいると考えられています。

神経性無食欲症（拒食症）の特徴

　神経性無食欲症は、極端な食事制限（いわゆる拒食）が生じ、以下に示す標準体重よりも低い極端なやせが認められます。体重増加への恐怖が顕著になり、体重の増減や食事に関することへの"コダワリ"がとても強く、どんなにやせていても、本人は太っていると認識するなど、ボディイメージの歪みがあります。極端なやせの結果として月経がなくなったり、数々の身体所見（うぶ毛、徐脈、浮腫、便秘）が見られます。身体的にはいわば飢餓状態で、疲弊した危険な状態になります。

　また、徹底して完璧に仕上げようとする傾向が強く、食事以外のこと（勉強・クラブ活動・趣味など）でも、どんなに痩せていても試合で大活躍したり、成績がトップであるなどの逸話を持つ方も多くいますが、実際には身体的にはぎりぎりの状態です。このように、神経性無食欲症の人は"コダワリ"が強く、強迫的なやり方や生活に固執しがちで頑固なことから、強迫パーソナリティとの関連の深さが指摘されています。

　なお、標準体重にはBMI（Body Mass Index）が用いられています。BMIとは体重と身長の関係から算出される肥満度を表す体格指数です。

> BMI 数値＝体重（kg）÷身長（m）×身長（m）
>
> 例　身長160 cm（1.6 m）で体重50 kgの場合、
> 　　50 kg÷1.6 mの2乗（1.6×1.6）＝19.5

　BMIが18.5以上25未満であると標準体重になりますが、BMIが18.5未満となると低体重となり、15未満となると最重度の極端なやせと判断されます。BMIが13以下ともなると、死に直結する身体的状況となります。神経性無食欲症は、精神疾患のなかでは致死率が高い疾患です。

神経性大食症（過食症）の特徴

　神経性大食症は、神経性無食欲症とは対照的にいわゆるむちゃ食いをするこ

とと、食べ過ぎた後に体重増加への恐怖から、下剤の乱用、過剰な運動、無理やり吐き出す自己誘発性嘔吐等を用いて体重増加を阻止することが特徴です（代償行為といいます）。

　ここでいうむちゃ食いとは、短時間に、平均的な食事量よりも明らかに多くの食べ物を食べてしまい、しかもこの食事摂取をコントロールできない感覚を伴うものです。食べ放題のお店でいつもよりも食べ過ぎてしまうようなこととは明らかに異なるレベルの食べ方です。そしてこのむちゃ食いから体重が増えることがないように上述の不適切な代償行為を行うのです。心理的には、食事制限できずむちゃ食いをしてしまったことから罪悪感を強く覚えたり、抑うつ感や不安感をともなったりします。

　神経性無食欲症と神経性大食症は互いに移行する場合が多く見られます。最初は極端な食事制限から神経性無食欲症となるのですが、持続する空腹感に耐えられずむちゃ食いをし、その後に不適切な代償行為を繰り返すことで神経性大食症へと移行するといった具合です。

2　回復に向けて

二段階構造の専門的治療
　摂食障害からの回復のためには専門医療機関における治療が必要です。回復に向けて心療内科や精神科で行われる治療は二段階構造になっています。
　極端にやせている場合は、まずは体重を回復させ、命を救うための短期的な介入治療を行います。この時は、身体中心の治療のため、はじめから入院治療が勧められることも多くあります。これが第一段階です。
　次に心理的な機能を改善して、体重の増減に左右されやすい低い自己評価を安定させ、不適切な食行動や代償行為を軽減したり、回復後の再発を防ぐための長期的な治療を行います。そのために、心理療法（家族療法や認知行動療法など）と薬物療法（抗うつ薬など）とを同時に行うなどのアプローチがなされます。
　しかしながら、摂食障害の方はなかなか治療のモチベーションが高まらず、

自己判断による治療の中断が多いことが指摘されています。この点は、同じく"コダワリ"の問題を抱える強迫性障害と似ているといえるでしょう。

また、家族間の葛藤やトラブルが多く、本人の治療に対して家族の協力を得られない場合も少なくありません。

人生を歩み始めることが目標

まずは「食べられればいい」「体重が回復すればいい」「嘔吐や下剤の乱用がなくなればいい」といった表面的な問題行動の改善だけが摂食障害の治療の目的ではないことを本人が知ることが大切です。体重の増減に左右されていた自己評価が体重以外の別の外側の基準に置き換わったとしても、自信のなさや過剰適応傾向が維持されるのならば、本質的な苦しみは変わりにくいでしょう。

最終的に目指すのは、本人が身体的にも精神的にも十分に回復し、再び自分自身で、自分の人生を歩み出すことです。外側の基準だけではなく、自分らしい内側の基準でも自分を評価できるようになることです。この本人の変化、成長により、家族全体もより精神的に豊かな生活が送れるようになることにもつながります。そのためには、息の長い取り組みが必要です。

3　周囲の対応ポイント

正しい知識と覚悟とともにそばにいる

家族の対応のポイントですが、摂食障害について正しい知識を身につけることが、安心して本人に関わるための第一歩となります。ただし、それぞれケースバイケースの点も多いので、本人の状態について決めつけて判断しないようにし、主治医に相談するなどくれぐれも注意が必要です。

そして家族も「食べてくれさえすればいい」「体重を回復してほしい」「嘔吐や下剤の乱用を止めて欲しい」といった表面的な改善を求めるのではなく、家族の抱える葛藤やトラブルに向き合う覚悟、本人の治療に協力するモチベーションが求められます。そして本人が自分の力で摂食障害を乗り越えていける

よう、そばに居続けることが大切です。

友人としてできること

　10代・20代の女性に多い病気ですが、最近では男性にも見られます。気になる友人、知人がいるかも知れませんが、家族同様、正しい知識を身につけておくとよいでしょう。

　神経性無食欲症の場合、放置しているとどんどんやせが進んでしまうので周囲が早めに気づいて、早期治療を促せるとよいでしょう。目に見えてやせ始めたり、ダイエット中を理由に、みんなと一緒にご飯を食べなくなった友人がいたら、注意して様子を見ていてください。生理が何か月も来ていない様子であれば、要注意です。

ほどよい距離で声かけ

　極端なダイエットやむちゃ食いなどの問題行動を心配するあまりつい言葉がきつくなってしまうことはありますが、本人の苦しみに寄り添い、問題行動を非難するのではなく、本人の語りに注意深く耳を傾けましょう。家族、友人あるいは恋人として、今までの付き合いと変わらずにいることが大切です。

　友人ならば「最近すこし痩せた？」とさりげなく言葉をかけることが、相談や治療開始のきっかけになることもあります。ただし、「どうしたの、痩せすぎだよ！死んじゃうよ！」「ちゃんと食べなよ！」と頭ごなしに言うのは逆効果になります。

　もしも友人が、摂食障害について打ち明けてきたら、じっくり耳を傾け「私が思う以上に苦しいんだろうな……」「何か気をつけてほしいことはある？」などとゆるやかに治療を勧めましょう。治療が始まったら、「太っていてもやせていても、私にはあなたが大切である」というメッセージを、ぬくもりや雰囲気で、時には言葉で伝えられるとよいでしょう。

第 14 章
"キョロキョロ""ウロウロ"動くこころ

1　注意欠如・多動性障害（ADHD）

学期末になり、レポートや試験が増えて
きました。教室もにぎやかです。

先　　生：先週お伝えしましたが、今日はレポートを提出してください。
松山修造：あ……。しまった！家に忘れてきた。
井伊谷舞華：え、シュウシュウ、また忘れたの？
今池爽太：俺はこれ落とすとやばいから、絶対に忘れないように、スマホにメモって、さらには玄関に紙貼っておいたぞ。おまえもこの前スマホに書き込んでたじゃん……シュウシュウ、おまえ進級できんの？……おい！聞いてる？
松山修造：書いたこと自体忘れてた……あっ！あったぁ！！うはー、よかったぁっ！！！（両手を挙げてワーイと喜ぶ）
先　　生：はい、ちょっと、静かにしてください。
松山修造：(小声で) 昨日寝る前に、ちゃんと鞄に入れたのを忘れてた。
井伊谷舞華：……シュウシュウのドタバタ見てたら、高校の同級生のHさんのこと思い出しちゃった。

　井伊谷さんの高校時代の同級生だったHさんは愛嬌があり、クラスの人気者です。小学校のころから失くし物・忘れ物・遅刻の常習犯でしたが、小さな問題がおこるたびに、周りのフォローでどうにか切り抜けてきました。なかなかエンジンがかからないものの、やればできる子であることを

第Ⅲ部　こころ・からだ編

母親も先生もよく知っているので、"なんで日々のことがきちんとやれないんだろう？"と首をかしげています。

　母親としても、いつまでもこのままでは……との心配が昂じて「もう高校生なんだから、しっかりして！」とついつい叱ってしまい、そのたびにHさんは「うるさいな。今やろうと思っていたんだよ！」と、会話がギスギスしがちです。

　Hさんは片づけをはじめようと、しぶしぶ自室に戻りますが、どこから手を付けていいか分からないくらい、あらゆるモノが散乱しています。「やれやれ……」と腰をおろしたところ、読みかけの漫画を見つけ、「あっ。そういえば途中だった」と、つい夢中に読みふけってしまい、片付けのことはもうすっかり忘れています。そののち、友達からSNSで誘いがかかり「行く行くー♪」と遊びに出かけてしまいました。

✏️ 松山君があなたの友達だったら、どんなふうに声をかけますか？

✏️ Hさんは、どんな状態だとあなたは考えますか？

日常的な忘れ物や落ち着きのなさ

　忙しかったり疲れていたり、同時並行的にさまざまな活動をしていたりすると忘れ物をすることがあります。本当は行きたくない食事会の場所や日時、やりたくないレポート課題の締め切り日をうっかり忘れることもあります。

　また初めてのことで不安だったり、時間に追われたりすると落ち着きがなくなることもあります。反対に楽しみで仕方がないイベントは始まる前にソワソワしてしまい、授業に集中できなくなったりすることもあるでしょう。このような日常的に生じる一時的な忘れ物や落ち着きのなさは多くの人が体験します。

　このような場合、たとえば忘れ物の場合では、改めてよく考えてみると疲れていて注意力が散漫になっていた自分に気付いたり、妙にソワソワする時は一緒に食事をしたくない誰かを思い浮かべているからだったりといった、自己理解の機会ともなりえます。

　しかし、忘れ物や落ち着きのなさが恒常的に生じていて、学業や仕事に支障をきたすレベルになると問題となります。

注意欠如・多動性障害（ADHD）とは何か

　注意欠如・多動性障害（Attention-Deficit/Hyperactivity Disorder, ADHD）は次章の自閉症スペクトラム障害と同じく発達障害のひとつです。発達障害は、生まれつきの脳の機能の一部に偏りがあり、発達期に顕在化する点で共通しています。環境や育ちの影響はある程度受けるものの、これらは生まれつきの特性であって、いわゆる"病気"とは異なります。

　以下に注意欠如・多動性障害の中核となる3つの特徴を示します。

①**多動性**　授業中や会議中にじっとしていられず、しばしば手足をそわそわ動かしたり、席を立ったり、自分の居場所から離れてしまう。

②**衝動性**　順番待ちができないことや、新しいものや自分の欲しいものを目にすると、すぐに手を出してしまう。しばしば質問が終わる前に答え始めてし

まったり、他人の言葉をさえぎって続きを話してしまう。

③**不注意** 細かいことに注意力が働かない。集中力もとぎれがちで、課題を順を追ってこなすことがどうしてもできない。資料や持ち物を整理しておくことが難しい。お金の支払いや、会合の約束を守ることができない。

これら多動性、衝動性、不注意によって引き起こされるさまざまな問題のために、周囲からは「落ち着きがない人」「集団行動ができない人」「がまんできない人」「約束を守らない人」とみなされてしまうのです。

視力に障害がある方が見ることに問題を抱えるのと同様、注意欠如・多動性障害の方はこのような問題を抱えてしまうのですが、周囲は本人の努力不足や性格の問題などと誤解するため、周囲から叱責されやすく、教育現場や職場で不適応を起こしやすいのです。

叱責が度重なると、他者を信頼できなくなり、二次障害として自尊心の低下や抑うつ状態などの精神的な不調に陥ることもあります。また、エネルギッシュで落ち着きがないためケガが多いのも特徴のひとつといわれています。

2　適応への工夫

早めに専門相談を

近年、さまざまな方面で発達障害に関する理解を広げるための活動が行われるようになりました。それにともない、障害の特徴が顕著な人は、小学校低学年のころに不適応状態になったりすると、早めに専門的な相談を受けられるケースもあります。そうすると、本人のみならず家族や学校関係者が障害の特性を知り、本人にあった環境調整や生活の工夫ができるようにもなっています。

一方で最近は社会人になってから職場で不適応状態となり、はじめて注意欠如・多動性障害であることを心配して受診する方も目立っています。アイディアマンで即座に行動できたり、プレゼンが上手だったりするのですが、事務処

理が苦手で仕事のミスが多くて問題を起こしがちだったりする方もいます。うつ状態や不安感、自信喪失などを訴えて医療機関を受診し、その後で注意欠如・多動性障害に気付くといったケースもあります。

日常生活の困難を減らし、自尊心の回復を

　医療機関などにおいて注意欠如・多動性障害の方の支援をする場合、多動性、衝動性、不注意によって生じる日常生活の困難をいかに少なくし、ご本人や周囲が過ごしやすくすることを目的にしていきます。家庭や学校、職場などの環境調整や本人が傷ついた自尊心を高めるような心理療法に加えて、抑うつ感や不安が強かったり睡眠障害などがある時は、専門医による薬物療法を受けることも必要とされています。

　心理療法では、自分をいつも卑下したり、ものごとを悪く解釈したりしてしまう二次障害からくる特徴を改善したりします。また、社会的コミュニケーションのスキルの向上や先述の3つの特徴に対応する生活上の工夫について、具体的に臨床心理士・公認心理師と一緒に考えていくことも、本人が生きやすくなり、自分で生活をコントロールできるようになるためにも重要です。

　忘れっぽい人はすぐにメモを取るようにしたり、目立つところにスケジュール表を掲示したりすることも有効です。衝動性の高さから失言をして人間関係をこじらせてしまう人ならば、発言の前にこころのなかで数をかぞえることをルーティンにするなどの工夫もできるでしょう。

3　周囲の対応ポイント

ADHDの特徴を知る

　本人と接する家族や教育関係者、職場の場合は上司などが、注意欠如・多動性障害の特徴について正確に理解し、わざとやっているわけではなく、怠慢でもないと知ることが大切なポイントです。そのために本人の心境をできるだけ想像してみることも大切です。たとえば、努力してもなかなか達成できないや

るせなさや周囲の理解を得ることが難しいがゆえの孤独感などです。次のように、障害特性を長所と捉えて関わることも本人のサポートになります。

ADHDの特性を長所と捉える

　落ち着きのなさは、すばやい反応ができ、躊躇せず介入できることでもありますし、動くことが苦にならないという長所になります。綿密に注意できないことは直感的で柔軟に対応できることでもあり、注意の持続ができないことは、切り替えが早く新しい場面に適応しやすい長所になります。アイディアマンで即座に行動できたり、プレゼンが上手だったりする人ならば、営業マンとしてエネルギッシュに動いてもらい、営業事務をサポートする几帳面な人を仕事のパートナーにするといった工夫も考えられます。

　そのほかにも特性に合わせた周囲の対応の工夫を以下に示します。

　衝動的に関心のあることに飛びついてしまう特性がありますので、本人に勉強や仕事だけでなく人生における"優先順位を意識させる"ようにしましょう。また計画だった行動が苦手なので、規則的な生活を促し、"ルーティンを意識させる"ようにしましょう。この障害のある人はルールの定着が弱いので、たとえば良いことをしたときには一貫して褒めましょう。適切でないことは、常にきちんといけないことだと伝えるなど周囲が"対応の一貫性を保つ"ことも大切です。

　先述の通り、誤解から叱責を受けることが多いため、自分に対する評価が低く自分が役立たずだと気に病んでいることも多いのです。努力していることをほめるなど、"ポジティブな気持ちは言葉にして"伝えましょう。

　衝動性や不注意への対応として、"集中しやすい環境づくり"も大切です。たとえば掲示物のない勉強部屋にする、デスク周りをシンプルにするなど、目や耳に入る刺激を少なくするとよいでしょう。

　以上のように本人と周囲の理解や工夫によって、ADHDの特性にあった対応を身に付けることで、適応の改善が期待できるのです。また、当然のことながら個人差も大きいため、目の前の本人に合った方法をお互いに工夫しながら見つけていきましょう。

第 15 章
適当が難しい"イチゼロ"なこころ

1　自閉症スペクトラム障害（ASD）

秋も深まり、忘年会シーズンが間近となってきました。学食では今池君がタブレットで何か調べているようです。

一色高志：やあ、ソウタ。あ、邪魔しちゃ悪かったかな。
今池爽太：高志さん、こんにちはっす。全然大丈夫っすよ。レポート作成の合間に、サークルの忘年会の会場を調べてたんすけど、なかなかピンとくるところがなくて……。
一色高志：ソウタは居酒屋のアルバイト歴が長いし、他店を見る目が自然と辛口なんじゃないのか？　まぁ、経営者としては大切な資質だが……。
今池爽太：なるほど、さすが高志さん（笑）。お酒のラインナップ、食材の仕入れ状況や価格とか、俺いろいろ気になっちゃうんすけど、これってすでに客の視点じゃないっすね（笑）。ま、昨年の忘年会はいろいろあって大失敗だったから、今年こそは……という思いもあるかな。
一色高志：忘年会が大失敗というのは、めずらしいな。何があったんだ？
今池爽太：ま、興ざめってやつで（苦笑）。マジメだし基本いい奴なんだけど、Ｉは幹事向きではなかったんだろうな。気が利かない、というか……。

第Ⅲ部　こころ・からだ編

　Ｉ君は今池君が所属するテニス・サークルのメンバーで、昨年の忘年会では、くじ引きでＩ君が幹事を務めることに決まりました。「声かけ、店の予約、適当によろしくな。先輩たちにも失礼のないよう、頼んだよ」と部長に伝えられ、Ｉ君は表情にこそ出ませんが、内心責任感に燃えていました。

　Ｉ君の熱心な声かけのおかげか、参加者も順調に集まり、居酒屋に連絡して、参加人数分の席を予約しました。忘年会の１週間前、サークルＯＢの先輩（社会人）から、出張で近くに来るので忘年会に参加したいと、幹事のＩ君に連絡がありました。Ｉ君は「すでに予約人数を満たしているので、それは無理です」と正確に事実を伝え、淡々とお断りしました。その後も同じ理由で断られるメンバーが続出し、部長のもとに苦情が寄せられました。

　困った部長はＩ君に「断るのではなく希望者は全員参加できるよう、店に予約人数の変更を相談するのが普通だろう？」と話しましたが、Ｉ君は「はぁ……」と言うだけで、謝るわけでもなく淡々としています。

　忘年会当日、Ｉ君は「今度こそ失礼のないように」と思い、空いているコップを見つけてはダッシュでお酒を注ぎに行きました。話が弾んでいる最中でもＩ君は構わず割って入ってきて、半ば強引に注ぎまわる様子にみな困惑し、お酒を楽しむ雰囲気がかえって薄れてしまいました。さすがに部長も腹が立ち、「何やってるんだよ、いい加減にしろ！」と叱責しました。

　顔色一つ変わらないＩ君ですが、内心動揺していました。「……部長の言われたとおり一生懸命やったのに、また怒られてしまった……僕ってダメだなぁ。でもなんで怒られるんだろう？」と、頭がぐるぐる混乱してきました。

第 15 章　適当が難しい"イチゼロ"なこころ

✎ I君があなたの友達だったら、どんなふうに声をかけますか？

自閉症スペクトラム障害（ASD）とは何か

　前章の注意欠如・多動性障害（ADHD）で述べたように、自閉症スペクトラム障害（Autism Spectrum Disorder, ASD）も発達障害のひとつです。発達障害は、脳の機能の一部に偏りがあり、発達期に顕在化する点で共通しています。これらは持って生まれた特性であって、ある状態が損なわれても後に回復し得るといった"病気"の定義とは異なる性質のものです。環境や育ちの影響を受けることは少ないだろうと考えられていましたが、最近では生来的な性質と環境との相互作用の影響にも焦点が置かれるようになっています。

　自閉症スペクトラムの中核的な特徴としては、一般的に「社会性の障害」「コミュニケーションの障害」「想像力（イマジネーション）の障害」の3つが挙げられます。これらに「感覚過敏」や「視覚で考える」などの特徴を加えて、典型的な ASD の姿をより分かりやすく伝えようとする試みが続けられています（宮岡・内山，2013；司馬，2003，2016）。これらは ASD に共通の特徴と説明される一方で、実際には各特徴の強弱に個人差があるため、人によって普段の様子や雰囲気がかなり異なってきます。したがって、その人それぞれに合ったオーダーメイドな対応が必要となるのが常です。

社会性の障害

　集団生活、すなわち他者との相互作用における（暗黙の）ルールや常識に基づいて行動することが難しいといわれます。

　また、常識や規則が状況や立場によって変わることや、時として通常とは異

なる臨機応変な対応が求められることを理解し、適度に合わせていくことも容易ではありません。いついかなる時も同じ行動パターンで処理しようとするため、TPOをわきまえることが難しく、周囲の人間が思いもよらない不思議なトラブルが生じる傾向があります。見方を変えると、生真面目でまっすぐに自分の思いやこだわりのルールを貫ける強さがある、ということですが、ことに集団行動においては困難な状況に陥ることが少なくないようです。

先ほどのI君を例にとると、"常識で考えれば"予約した人数にあわせて、忘年会参加者の人数を制限してしまうことや、相手の状況を見ずに機械的にお酒を注いで回ること自体、判断がズレていると多くの人は理解します。つまり、言わなくても自ずとわかること、です。しかし、こうした暗黙の認識を"察すること"が、I君にはやや難しいといえます。その場の空気、暗黙の了解を自然と感じとることが難しいため、本人に全く悪気はないのですが（むしろ真面目にしっかり取り組んでいます）、その行動は場違いであることが少なくないため、周囲から注意を受けることが多いのです。言ってみれば些細なことですが、むしろ些細なズレだからこそ周囲の人は"違和感"を覚え、問題視する傾向にあるようです。

コミュニケーションの障害

言葉の背後の意味や行間のニュアンスがつかみにくい、という点が挙げられます。これはひとえに、いわゆる非言語的コミュニケーション（視線・手振り・表情など）の理解が難しく、何でも字義通り（ことばどおり）に理解する傾向に出来すると考えられます。状況に応じての使い分けができないため、日常会話では冗談や嘘が理解できず、人知れずとても苦労しているといえるでしょう。

たとえば、親しい友人が愛情を込めて「バカだなー」と笑顔で言ったとします。この場合、文脈、言葉のニュアンス、声の調子、相手の表情を手がかりに、多くの人にはこの「バカだなー」が実際は「かわいいなぁ」という肯定的な意味を指していると理解でき、意図が正確に伝わります。しかしASDの人の場合、辞書的に解釈されるので、「バカとはなんだ！」と烈火のごとく怒り出す

という結果を招きます。

　またASDの人は、外から見える表情や態度と、内面に生じている感情とがあまり一致しないのも特徴です。I君の例にも見られるように、表情の変化が乏しいので動じない人だと思っていたら、実は内心ビクビクしていて不安でいっぱいだったという思い違いはよく起こります。小学生や中学生の場合、淡々と学校に行って帰ってきたと思ったら高熱があった、骨折していた、といったエピソードには事欠きません。喜怒哀楽をはじめ「つらい」「痛い」のSOSも表情や態度に出にくいので、周りが本人のSOSに気づくのはなかなか難しいところがあります。

　そのほか、ASDの人が話すとき、イントネーションの使い分けや声の音量調節が難しいので、独特な声の調子になり、必要以上に大音量になることがあります。周囲からは時として「ふざけている」と見えるようですが、本人からすれば生来的に"ほどよい加減"が難しいだけのことです。"適度"ということがわかりにくいので、自分の好きなことを熱心に話し出すと止められず、「話がくどい」「論点がわかりにくい」「一方的」と言われることも少なくありません。

　対話のなかでこのようなボタンのかけ違いが頻繁に生じ、他者との間での自然なやり取りが難しくなるため、やり取りの際には後ほど紹介するような"ちょっとした工夫"が役立つだろうと思われます。

想像力（イマジネーション）の障害
　ここでいう想像力には、他者の気持ちを想像すること、思いやることが含まれます。

　知識欲が豊富で、自分の関心のあることへの熱心さや几帳面さは人一倍ですが、自分だけの空想の世界に入り込んでしまうことがあり、周りの人の存在が忘れられてしまうようなことがあります。没頭モードから自分の気持ちを切り替えて、相手にこころを向けるということは、なかなか難しいようです。また、相手が今どんな気持ちでいるのかについて、相手を目の前にして想像しにくい

ため、相手が嫌がっているのに気付かず自分の好きな友達にべたべたと抱きついてしまったり、逆に相手からの好意を無視してしまったりします。映画や小説の登場人物への感情移入が難しく、おもしろさがピンとこないこともあります。

そのほか、新しい出来事に遭遇することや、慣れない場所に出かけるなどの「いつもと違う設定」となると、たちまち緊張が高まり、不安な気持ちで動きが固まってしまうことがあります。ASDの人はこれまでの経験を活かし、新しい場面にて応用したり、適当に処することが極めて難しいため、予測不能な状況では不安と恐怖でいっぱいになり、パニックを引き起こすに至るのです。事前に新しい状況や出来事についての文字情報や具体的な説明があると、不安な気持ちが大分軽減されるので、パニックの予防になります。

感覚の鋭敏さと鈍感さ

ASDの人の多くは、聴覚、視覚、嗅覚、触覚、味覚といった感覚が人よりも敏感です。

たとえば聴覚でいえば、電話の呼び出し音や駅のホームのアナウンス、講義室のザワザワした音など、一般の人よりも大きく聞こえるため、集中困難やイライラなど、不快な症状を来します。なかには「人の泣き声が耳に突き刺さる、耳が痛い」と、自らの感覚過敏を表現する人もいます。ASDの特徴を知らない人は"声くらいで随分大げさだな"と捉えてしまいがちですが、これは決して大げさでも嘘でもなく、本人にとっては紛れもない事実なのです。

急に身体に触れられると、軽くても突き飛ばされたほどに強く感じたり、光に過敏な人は蛍光灯が明るすぎてめまいがするほど辛く感じる、といったことがあります。また、多くの人には普通に感じられる味付けも辛くて食べられなかったり、一般に心地よいと感じる香水や芳香剤の香りがとてもキツく感じられて、吐き気を及ぼすケースも少なくありません。

また感覚過敏は、睡眠不足のほか体調が悪いとき、心身の疲労が蓄積しているとき、引っ越しや進級といった環境の変化など、ストレス負荷のかかる状況

に遭遇したときに、より強く表れるようです。同じ服ばかり着たり同じものばかり食べるなど、変化を好まない傾向があるのは、こうした感覚の過敏性に悩まされず、安心だからということがいえるでしょう。

そしてこれらの敏感さと相まって、「鈍感さ」を有するのも、ASDの特徴です。ある特定の音に関しては聴覚過敏に悩まされる人であっても、何かに没頭しているときなどは、いくら呼びかけてもまったく聞こえないということがあるため、周囲は不思議に思うばかりです。

敏感さと鈍感さの特徴は、傍から見ればわがままな人に見えるかもしれませんが、決してそうではありません。ASDの人のほとんどは、こうした状態について周囲に説明することが苦手なため、なかなか周囲の理解が得られないというのも難しいところです。

2　適応への工夫

修正よりも「安心の確保」

先述のように、発達障害は「病気」とは異なるため、本人に必要なのは治療ではなく、適応のための「適切な理解と対応の工夫」となります。

大筋のガイドラインとしては、特性について正確な理解を深めた上で、本人の特異性を修正するのではなく、ひとつの個性として長所として伸ばすよう、周囲と本人とがお互いにちょっとずつ工夫を凝らして生活を送っていくことが求められます。

これまで述べたように、ASDの人の感覚体験や表現体系は大きく異なることから、本人からじっくり話を伺うと、同じ世界に暮らしていながら、まるで別の世界の話を聞いているかのように感じられることがあります。ASDの人たちの語りはいつも、"ひとりひとりの体験世界はこれほどまでに違うのだ"という大切なことを教えてくれるように思います。私たちにとって安心安全な世界であっても、ASDの人にとっては不安だらけの世界です。それぞれの感じ方を尊重しつつ、互いに歩み寄ることが、適応への工夫の第一歩といえるで

しょう。

　ASDの人は危険を察知して緊張や不安を覚えるとき、特異的な性質が強く表出しやすいため（たとえば、パニック・暴言・暴力など）、少しでも安心して暮らせるよう、本人が安心できる環境を確保して不安を軽減することが、症状緩和のための必須事項となります。

安心をふやす工夫：本人編
　ASDの人自らが行うことができる、安心をふやすための対策には、以下のような方法があります。

①一人きりになれる静かな空間を確保する
　疲労を感じたときや、パニックを起こしそうになったときなどは、周りに気兼ねなく一人きりになれる静かな場所に、速やかに移動しましょう。
　自宅生の場合、自宅のなかに、家族からも遠ざかり、多くの刺激を遮断できる"おこもりスペース"を確保することは、とても大切です。できるだけ家族の理解と協力を得ましょう。自分の部屋や押し入れのなか、ロフトスペース、机の下、お風呂場、車のなかなど、一人になれる場所を工夫してみてください。
　大学キャンパスの場合、図書館の小部屋や、お手洗い、屋上、誰もいない講義室、庭の大きな木のそばなど、事前に居心地のよい場所をリサーチしておくことが大切です。

②感覚過敏への対策
　聴覚が鋭敏な場合、日頃から耳栓を用いることで、外界からの聴覚刺激の大半を手軽にシャットアウトすることが可能です。小さな音までよく聞こえる多くのASDの方にとっては、耳栓で遮る（さえぎ）くらいで音のボリュームもちょうどよいようです。味覚については、本人自らが積極的に味付けを調整する必要があります。
　嗅覚については、友人や家族の理解が得られるようであれば、香りのものの

使用を控えるようお願いすることが可能です。外出の際には、臭いの遮断としてハンカチやマスクの使用を視野に入れて、工夫を心がけましょう。

視覚については、自宅は調光可能な照明器具に変えることが可能ですし、外出する際はサングラスを使用することで、刺激の入りを抑えることができます。このように、さまざまなツールを味方につけて、生活しやすい環境を少しずつ形作っていきましょう。

③疲れを溜めないこと

疲労が蓄積すると、ASDの方々の状態は不安定となります。感覚が過敏になり、パニック発作を引き起こす可能性が高くなるため、心身のコンディションを安静に保つことが大切です。規則正しい生活を守り、質のよい睡眠をたっぷり取るように心がけましょう。

ASDの人は自らの疲労の自覚が困難で、倒れる寸前まで涼しい顔をして頑張ってしまうところがあるため、たとえば「23時就寝、7時起床」や「50分作業、10分休憩」というように、機械的にスケジュールを決めて、疲労回復時間をルーティンに取り込むのもひとつの方法です。

過度な不安には生物学的アプローチ

本人が安心できる環境が確保できるのであれば、薬物を中心とした医学的ないし生物学的治療は不要となります。ただし強い緊張や不安があるときや、イライラが止まらず暴言や暴力が見られるとき、睡眠リズムが不安定で睡眠障害が疑われるとき、また、パニック発作が度重なるときなどは、過度の緊張・不安・興奮の緩和が必要なため、選択肢の一つとして精神科の医師に相談するという手段が有効です。

また食欲の低下や自殺をほのめかすような発言（希死念慮）が見られるときには、二次障害としてうつ病の発症が考えられるため、その場合はうつ病の治療を目的とし、精神科で薬物療法を受けることが必要です。

3 周囲の対応のポイント

理解ある対応と温かい雰囲気が鍵(カギ)

　ASDの人は対人関係がやや不器用で、コミュニケーションが難しく、敏感でありながらどこか鈍感であるといった特徴があるため、対人関係上の気配りや円滑なコミュニケーション、そして協調性が求められる集団行動を苦手と感じやすく、実際に困難を抱えて不適応を起こすこともあります。とはいえ、人を求める気持ちが人一倍強い彼らだからこそ、集団生活のなかでこそ学べる知恵や、人格的な成長があります。周囲の理解ある対応や温かい雰囲気に支えられて初めて、こうした変化を遂げることが可能となります。

　本人としては一生懸命努力していても、周囲からは「なまけ」「わがまま」「勝手」と誤解されやすいところがあります。周囲の理解が得られないことで、不登校、ひきこもり、二次的な精神障害へと発展するケースも少なくないため、こうした二次障害を防止するために、日常生活上のやりとりにおける、周囲の適切な理解と工夫がとても重要となります。

安心をふやす工夫：周囲編

　ASDの人の友人やご家族ができる、本人の安心をふやすための対策には、以下のような方法があります。

①まずは本人の話を聞く

　ASDの人は自分の考えていることや感じていることを、人に伝わる形で自分から表現することが困難であるため、まずは周囲の人間が柔らかい態度で接し「聞く耳を持つ」ということがとても大切です。

　何か問題が生じたときにも、頭ごなしに叱責するのではなく、言いたいことをいったん脇に置いて、まずは本人の言い分にじっくり耳を傾けてみましょう。本人なりの筋道や理屈が見えてきて、「なるほど、そういうことだったのか」

と納得がいき、お互いに誤解していたことが理解されて和解に至ることが多々あります。したがって、まずは「否定せずに聞いてみる姿勢」が肝心です。

友人や家族など、本人にとって身近な人たちが本人の性質を正確に理解することができれば、さらに周辺の人々の理解の促進へと働きかけることが可能となります。彼らの世界と定型発達の人々の世界との間に立ち、通訳・翻訳家のような立場で双方の世界の架け橋としての役割が担えると、本人は必要以上に恐れたり、不安になることもなく、社会適応が進むのではないかと思われます。特徴を理解し、ひとりひとり専用の、いわばオーダーメイドな対応を心がけてみましょう。

②指示は具体的、かつ明確に

数字や単位を活用し、指示を具体的かつ明確に伝えることで、双方の誤解を減らすことが可能です。

先ほどのI君の例でいえば「予約後にも2〜3名の希望者が増える（減る）可能性があるので、変更があった際にお店に伝えること」や「相手が会話中ではないときに声をかけて、お酒のおかわりが必要かどうか尋ねてから注ぐと親切と見なされる」などと、できるだけ数字を用いて、順序立てて具体的な指示を伝えると、コミュニケーション不足に悩まされることが減ります。ASDの人は「適当に」「なんとなく」「だいたいでいいよ」がとても苦手です。曖昧な指示は不安を増やすばかりなので、できるだけ控えるように心がけましょう。

③叱るよりも具体的で丁寧な説明

何か問題が生じたときに、強い口調で叱責すると、たとえば聴覚過敏のASDの人は、相手の口調の激しさや音量の大きさに圧倒されてぽーっとしてしまいます。ぽーっとしている、は言わばショック状態なのですが、相手からすると不遜で失礼な態度に見えてしまい、火に油を注ぐような結果を招く場合が多いです。一度ショック状態になると、貝のような状態となり、肝心の注意した中身は何も入りません。

したがってASDの人に注意をするときには、「穏やかな口調」で「詳しく丁寧な説明を心がける」が大切なポイントとなります。少しばかり対応を変えるだけで、驚くほどスムーズに聞き入れられ、行動が修正されます。また、お互いのコミュニケーションが円滑になり、本人の安心感は増えていくことになります。

④情報のやりとりに得意な感覚器官を活用

お互いのコミュニケーションを図る際、相手となるASDの人が得意とする感覚器官を、あらかじめ知っておくことで、情報のやりとりに活かすことができます。

ASDの人の多くは「視覚で考える人」といわれるように、目で見る文章や絵のほうがずっと理解しやすく、得意です。その一方で、声かけによる指示など、耳から聞く言葉の理解は苦手な場合が多いため、大切な指示や約束事は口頭で伝えるだけでなく、必ず言語情報としてメモに残すことや、文書を渡すかたちで対応すると抜けが少なく、情報伝達がスムーズに行われます。

キャンパスでの講義では、講師の先生に事情を話し、許可を頂いた上で、ICレコーダーを活用することで聴覚の機能を補填したり、先生の話を聞きながら板書するのが難しい人の場合は、板書の写真を撮らせていただくといった方法もあります。友人が困っている場合には、このような具体的なアドバイスが功を奏すると考えられますので、その人に合った環境作りを心がけましょう。

ここで紹介した対応ポイントはごく一部となりますので、くわしくは巻末の参考文献をご参照いただくか、キャンパス内の学生相談室に勤務する臨床心理士や公認心理師と、本人をまじえて相談しながら方法を模索するようおすすめします。

第 16 章
ストレスとどう付き合うか

1 ストレスとは何だろう？

午前9時、人が講義室に集まってきました。まもなく『キャンパスライフとメンタルヘルス』の講義が始まります。今池君は本日、ややお疲れのようです。

井伊谷舞華：ソウタじゃん！朝から学校なんてめずらしい～。どしたの？

今 池 爽 太：……ああ、舞華かぁ。おはよ。いいよな、お前は朝から元気でさ。

井伊谷舞華：ソウタ、さすがにそろそろ出席ヤバイんでしょ？

今 池 爽 太：まぁ。今朝は奇跡的に目が覚めて、講義どうしよっかなーって考えてたら、考えてるだけで胃が痛くなってきたんで、だったら出てみようってさ。そうだ舞華、プリント見せてくれない？

井伊谷舞華：もー、ホント調子いいんだから……でも胃が痛くなるのわかるなぁ。このところ飲み会続きで、毎晩いろんな人と会えてすごく楽しいんだけど、時々胃が痛くなったり、ハイのままテンションが戻らなかったりして。楽しいことも疲れるのかな……変だよね。

今 池 爽 太：お前も、疲れた顔してんな……ハンターとなって新しい彼氏見つけるのもいいけど、たまにはボーっとするのもいいんじゃないの？

井伊谷舞華：そうかもね……意外とソウタと付き合ってたときが、私一番心地よかったかもしれないなー。……ねぇねぇ、ヨリ戻すなんてこと、あったりして！？
今池爽太：……やべ、俺、また胃が痛くなってきた。
井伊谷舞華：ちょっと！！なにそれヒドくない？
今池爽太：あはは、ウソウソ（笑）ほら、講義始まるってよ。

ストレスは人生のスパイス？

　ストレスという言葉は、私たちにとって身近なものとなりましたが、改めて人から「ストレスって何？」と問われると、答えるのは案外難しいものです。
　物理学の言葉であった「ストレス」が医学の世界に持ち込まれたのは、20世紀初頭といわれています。その後、カナダの生理学者のH. セリエ（1907-1982）が、1936年に英国の権威のある学術誌『Nature』に紹介したことをきっかけに、ストレスという言葉は世に広く知られるようになりました。
　そんなセリエは「ストレスは人生のスパイスだ Stress is the spice of life」という興味深い言葉を残していますが、博士のこの発想は、私たちが普段ストレスに抱く印象とは大分異なるように思われます。私たちにとってストレスとは、いったい何でしょうか。

ストレスの仕組み

　セリエは私たちの身体が、外界からのさまざまな種類の刺激や圧力（＝ストレッサー）に対して、ある一定の反応（＝ストレス反応）を示すことを見出し、この一連の現象を博士は「汎適応症候群」と名付けました。
　この一連のストレス現象をイメージするためによく使われるのが、丸いボールのたとえです。この柔らかいボールを指で押すと、一部が凹んで少々ゆがんだ球状となりますが、このとき指で押すという刺激が「ストレッサー」であり、

第 16 章　ストレスとどう付き合うか

　凹んだ状態が「ストレス反応」に相当します。いかなるストレス状況下でも、ボールは形を自在に変えて環境に適応するので、その適応能力は実にたいしたものです。私たちはみなこのようにして、環境への適応を小まめに図っているのだと考えられます。
　ただし凹んだボールは、その凹みを外に押し出して元のかたちに戻ろうと、その後も頑張り続けます。このようにパンパンに張った緊張状態が、まさに私たちがストレスに悩まされている状態だと考えられています。この状態があまりに長く続くと、「警告反応期→抵抗期→疲弊期」と段階が進み、最終的には心身の健康に破綻をきたす（＝疾病）と考えられています。

いい出来事も「ストレッサー」

　ストレッサーとは"刺激"を意味する単語で、私たちの周りにいつでも存在するものです。大きく分けて次の4種類になります。

- 物理的ストレッサー（気温、音、圧力、放射線による刺激ほか）
- 化学的ストレッサー（酸素の欠乏または過剰、薬害、化粧品かぶれなど）
- 生物的ストレッサー（病気、けが、寝不足、栄養不足など）
- 心理社会的ストレッサー（人間関係の悩み、精神的苦痛、不安、怒り、緊張ほか）

　表16-1には、私たちが遭遇するであろう、人生の出来事がもたらすストレッサーの度合を相対評価したものが示されています（Holmes & Rahe, 1967）。興味深いのは、悪い出来事ばかりではなく、一般的に良いとされる出来事

表16-1　社会的再適応評価尺度

出来事	ストレス度	出来事	ストレス度	出来事	ストレス度	出来事	ストレス度
配偶者の死	100	妊娠	40	息子や娘が家を出る	29	気晴らしの変更	19
離婚	73	性的な障害	39	親戚とのトラブル	29	宗教活動の変更	19
配偶者との離別	65	新しい家族ができる	39	自分の特別な成功	28	社会活動の変更	19
拘禁・刑務所入り	63	ビジネスの再調整	39	配偶者の就職・退職	26	1万ドル以下の借金	17
家族の死	63	経済状態の変化	38	学校に入学・修了する	26	睡眠習慣の変化	16
怪我や病気	53	友人の死	37	生活条件の変化	25	親戚の集まり参加数の変化	15
結婚	50	仕事の変更	36	習慣の変更	24	食習慣の変化	15
失業	47	配偶者とのけんかの回数	35	上司とのトラブル	23	休日	13
婚姻上の和解	45	1万ドル以上の借金	31	労働条件の変更	20	クリスマス休暇	12
退職	45	借金やローンの抵当流れ	30	住居の変更	20	軽微な法違反	11
家族の健康上の変化	44	職場での責任の変化	29	学校の変更	20		

出典：Holmes & Rahe（1967），村井ほか（2015）をもとに筆者らが作成。

（結婚や昇進、休暇など）もストレッサーとして考えられていることです。どんなに嬉しい楽しい出来事であっても、それが刺激である限り、ストレス反応は生じるものです。

　セリエの言うように、時には甘く、時には辛く、人生を彩るスパイスとして捉えると、ストレスの印象は大分変ってくるように思います。激辛ばかりでは困りますが、ストレスのまったくない人生には香りも味わいもなく、想像以上に無味乾燥でつまらないものかもしれません。

ストレッサーが起こす「ストレス反応」

　数々のストレッサーの影響は、「ストレス反応」として、身体・心・行動のどこかに、あるいは複合的に表れてくると考えられています。

　図16-1は、われわれの生活体験における5つの領域を示しています。私たちをとりまく「環境」のなかに、「身体」、「行動」、そして心の主たる機能である「思考」と「気分」が示されており、これらは互いに影響し合い、常に作用

第 16 章　ストレスとどう付き合うか

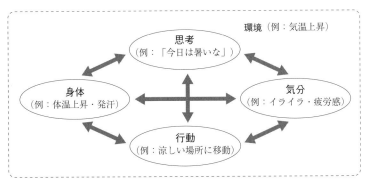

図 16-1　生活体験における 5 つの領域：相互作用の例
出典：大野裕（2003）をもとに筆者らが作成。

し合っていると言えます。

　たとえば気温が高くなると（＝「環境」におけるストレッサーの発動）、体温が上昇し発汗が促されます（＝「身体」）。心は暑さを感じて"今日は暑いなぁ"と思い（＝「思考」）、暑さでイライラしたり疲労感を覚えます（＝「気分」）。そこで涼しいところに移動して休憩しようと、新たな行動をおこすこととなるのです（＝「行動」）。このようにストレッサーの影響に応じて、私たちは心身まるごと常に動かされ、動いているのです。

2　ストレスとメンタルヘルスの関係

ストレスと疾患の関係

　先ほどのボールのたとえで、凹んだままずっと放置されていると、残念ながらどんなボールも元のかたちに戻りにくくなります。また、一時的なストレス反応は、放っておくといつしか疾患へと移行する場合が少なくありません。

　疾患への移行を未然に防ぐために、日頃からストレス対策を意識し、あなた自身にしっくりくる方法を考えて、日々心がけることが、健やかなからだとこころの維持のためにはとても重要です。

表16-2 ストレス関連の身体疾患

消化器系	胃潰瘍・十二指腸潰瘍・過敏性腸症候群・機能性胃腸症・空気嚥下症ほか
循環器系	高血圧症・虚血性心疾患・不整脈ほか
呼吸器系	気管支喘息・過換気症候群ほか
内分泌系	甲状腺機能亢進症・糖尿病ほか
神経系	自律神経失調症・頭痛・慢性疼痛ほか
皮膚系	アトピー性皮膚炎・円形脱毛症・多汗症・慢性じんましんほか
耳鼻咽喉系	メニエール症候群・アレルギー性鼻炎・耳鳴りほか
その他	眼精疲労・眼瞼けいれん・関節リウマチ・線維筋痛症・更年期障害・慢性疲労・心因性発熱ほか

出典:村井ほか（2015），平澤（2016）をもとに筆者らが作成。

ストレスと身体疾患

　ストレッサーが解消されず、ストレス反応が固定化されると、いわゆる「心身症」と呼ばれる身体疾患となります（表16-2）。日本心身医学会の定義によれば、心身症とは病態名であり、身体疾患のなかで、その発症や経過に心理社会的因子が密接に関与すると考えられ、器質的ないし機能障害が認められる状態を指しているとされています。たとえば同じ胃潰瘍であっても、心理社会的要因が病気の発症や経過への関与が少なければ、あえて心身症と診断されることはありません。

　一度発症すると、一定期間以上の休養と治療が必要となり心身への負担も大きいため、発症を未然に防ぐこと、つまりストレス反応の初期の段階でストレッサーの軽減といった適切な対処を行うことが、心身の健康維持に重要な鍵といえるでしょう。

ストレスと精神疾患

　心身症の場合と同様に、ストレッサーが解消されることなくストレス反応のまま放置されると、心の不調すなわち精神疾患の発症に至ることがあります。精神疾患は、個人が持っている精神的な反応性や脆弱性と、環境由来の心理的

負荷の強さとの関係により発症に至ると考えられており（ストレス脆弱性理論）統合失調症を含め、ほとんどすべての精神障害の発症にストレスが関与すると言われています。すべての心の不調に、ストレスは影響を与えているのです。したがって、あらかじめストレスに対する対処行動を身につけておくことが、発症を未然に防ぎ、心身の健康を保つためには不可欠であると考えられます。

　なお、精神疾患のなかでも、大きな災害や事故の後に生じる急性ストレス障害（ASD）や心的外傷後ストレス障害（PTSD）、また適応障害は、いずれもストレスとの関連が明確と考えられています。

　これらの場合、まずは身の安全と安心を確保することが最優先となり、その後、ストレッサーへの具体的な対処法を身につけ、ストレッサーに対する認知の修正を図ることで、時間をかけて心身の回復に臨むこととなります。治療期間が長期にわたることもあり、根気強く取り組む体勢をとるためにも、こうした場合はひとりで抱えこむのではなく、できれば身近な誰かに助けを求めるほか、専門家に相談することをお勧めします。

3　あなたのストレス度を測ろう

簡易ストレス度チェックリストの活用

　ストレス対策を考えるために、まずは今のあなたのこころのストレス度を「簡易ストレス度チェックリスト」を使ってチェックしてみましょう。ひとつの目安となります。次の項目について、あなたが日常感じているものにチェックを付けてください。

簡易ストレス度チェックリスト（自己評定用）

- ☐ 頭がすっきりしていない（頭が重い）
- ☐ 眼が疲れる（以前と比べると疲れることが多い）
- ☐ ときどき鼻づまりをすることがある
- ☐ めまいを感じるときがある（以前はまったくなかった）

- [ ] ときどき立ちくらみしそうになる（一瞬、くらくらっとする）
- [ ] 耳鳴りがすることがある（以前はなかった）
- [ ] しばしば口内炎ができる（以前と比べて口内炎ができやすくなった）
- [ ] のどが痛くなることが多い（のどがひりひりすることがある）
- [ ] 舌が白くなっていることが多い（以前は正常だった）
- [ ] 今まで好きだったものをそう食べたいと思わなくなった（食物の好みが変わってきている）
- [ ] 食物が胃にもたれるような気がする（なんとなく胃の具合がおかしい）
- [ ] おなかがはったり、痛んだりする（下痢と便秘を交互にくり返したりする）
- [ ] 肩がこる（頭も重い）
- [ ] 背中や腰が痛くなることがある（以前はあまりなかった）
- [ ] なかなか疲れが取れない（以前に比べると疲れやすくなった）
- [ ] このごろ体重が減った（食欲がなくなる場合もある）
- [ ] なにかするとすぐ疲れる（以前に比べると疲れやすくなった）
- [ ] 朝、気持ちよくおきられないことがある（前日の疲れが残っているような気がする）
- [ ] 仕事に対してやる気がでない（集中力もなくなってきた）
- [ ] 寝つきが悪い（なかなか眠れない）
- [ ] 夢をみることが多い（以前はそうでもなかった）
- [ ] 夜中の1時、2時ごろ目がさめてしまう（そのあと寝付けないことが多い）
- [ ] 急に息苦しくなることがある（空気が足りないような感じがする）
- [ ] ときどき動悸をうつことがある（以前はなかった）
- [ ] 胸が痛くなることがある（胸がぎゅっと締めつけられるような感じがする）
- [ ] よくかぜをひく（しかも治りにくい）
- [ ] ちょっとしたことでも腹が立つ（いらいらすることが多い）
- [ ] 手足が冷たいことが多い（以前はあまりなかった）
- [ ] 手のひらやわきの下に汗のでることが多い（汗をかきやすくなった）
- [ ] 人と会うのがおっくうになっている（以前はそうでもなかった）

出典：桂・村上（1983），（財）パブリックリサーチセンター（2004）をもとに筆者らが作成。

さて、チェックはいくつ入りましたでしょうか？　チェックした数の合計を評価点とし、下の表で該当箇所を確認してみましょう。あなたのストレス度は、どのくらいでしょうか？

0～5	正　常	この状態を維持しよう
6～10	軽度ストレス（要休養）	自分なりの解消法を見つけて休養を心がけよう
11～20	中等度ストレス（要相談）	休養に加えて、専門家に相談してみよう
21～30	重度ストレス（要受診）	医師による診断・治療を受けることをおすすめします

これらの値は状況が変わり次第、すぐに変化するものですので、高い値を示した方は自分に合ったストレス対策を考え、実行後に自分の状態がどのように変化したのか、再びこちらでチェックしてみてください。

4　今日からできるストレス対策

簡易ストレス度チェックリストで、自分のストレスの程度が把握できたところで、ここからは段階的に、自分が知らず知らずのうちに抱えているストレスに対して具体的な対応策を組み立て、実行してみましょう。

段階1　ストレッサーおよびストレス反応の特定

自分の普段の生活を24時間分ざっと振り返り、自分にとって、具体的に何がストレッサーとして作用し、どれがストレス反応に当たるのかをそれぞれ特定することが重要なポイントです。

何が引き金となってストレス反応を誘発しているのか、自分自身をよく観察し、探してみましょう。辛いことや不快なことはストレッサーとして見つけやすいですが、楽しいことや嬉しいこともストレッサーとしての働きをもっているため、注意が必要です。

たとえば先ほどの井伊谷さんの場合、本人は楽しいことと認識しているものの、あくまで刺激として考えるなら「夜遊び」ないし「人付き合い」はスト

レッサーであり、ストレス反応は「胃痛」(身体の反応)だとわかります。今池君の場合、ストレッサーは「単位の問題」であり、ストレス反応は「胃痛」(身体の反応)や「眠気」(身体の反応)、「疲労感」(心の反応)と考えられます。

段階2　変えるのは「行動」と知る

　ストレッサーとストレス反応が特定されたところで、次にこの悪循環を断ち切るための具体的な方法を考えていきます。人間が意識的に比較的短時間で変化させられる部分というのは、実は思いのほか限られています。

　たとえば胃痛を起こしやすいといった体質はそう変わるものではありません。性格は体質に比べるとより柔軟性があり、変えられる部分がありますが、それでも1日や2日で変わるものではありません。その人を取り巻く環境も、少しずつ変化していると思いますが、こちらもそう簡単には変わらないものです。

　ところが自分の「行動」というものは、自分が意識したその日から、少しずつ変えることができます。ストレス対策でターゲットとするのは、まずはこの「行動」であるということを、ポイントとして押さえておきましょう。

段階3　新しい行動を選び、実行する

　具体的なストレス対策として、以下6点を挙げます。これらが目指すところはいずれも「行動の変化」ですが、ストレス反応のところでお話したように、行動が変化すれば、その影響は身体にも心にも届きます。こうして、心と身体と行動が新しい循環へと徐々に移行することで、それまでの悪循環を断ち切ることが可能となります。

①ストレッサーを意識的に回避

　特定されたストレッサーを意識して回避する、接触する頻度を減らす、または距離を置くという方法が有効です。具体的には、「サークル等の人間関係から一時的に距離を置くために参加を週5回から3回に減らす」「お酒の量を控える、飲みに行く回数を減らす」「夜は0時半までに消灯し、寝不足

を回避する」などが挙げられます。

②積極的に休養をとる

　ストレッサーとストレス反応の悪循環に陥っているときは、思いのほか心身の疲労がたまっているものです。イベントを控えて心身の休息時間にあてたり（＝物理的または心理社会的ストレッサーの回避）、化粧品の使用を控えて肌を休めたり（＝化学的ストレッサーの回避）、寝不足状態の解消のためにいつもより2時間多く睡眠をとるなど、積極的に休養を確保する行動は奨励されます。マッサージや入浴といった適度な物理的負荷を身体にかけることで、筋肉をリラックスさせ、深く心身を休める状態に持っていく方法も挙げられます。

③定期的な運動を心がける

　定期的な運動は、筋緊張の緩和をもたらすといったストレス反応を和らげる働きがあることと、良質の睡眠を促すことから、結果的にストレス発散につながるものです。定期的な運動習慣を取り入れることで、ストレスに負けない身体づくりを心がけましょう。

④気分転換を心がける

　ストレッサーとストレス反応の悪循環にはまってしまうと、知らず知らずのうちに身動きがとれなくなるものです。視点を変えるためにも、思い切った方向転換はことのほか効果的です。ストレッサーにとらわれず、趣味を楽しむことや、おいしいものを食べること、カラオケで熱唱すること、映画を見て思いきり笑ったり泣いたりすることなど、いつもと違う情緒体験がもたらされることで気分がリフレッシュし、新しい気持ちで現状と向き合えるようになります。あなたに合った方法を探してみましょう。

⑤家族や友人、専門家に話を聞いてもらう

　ストレスの悪循環に見舞われていると、いつの間にか他者との関係から遠

ざかり、自分一人で頑張ってしまう傾向があります。他者に邪魔されたくないという思いもあるかもしれませんが、悪循環を断ち切るためにも思いきって誰かに声をかけて、自らの胸の内を聞いてもらいましょう。家族や友人、専門家に話してみることで、思いのほか理解を得たり、温かい思いに包まれてホッとしたり、気持ちの整理がついてすっきりすることがあります。心に浮かんでくることを、ひたすらノートに書きだすことで、ストレス発散につながるという場合もあり、これも一つの有効な方法です。

⑥リラクゼーション法を活用する

　ストレスによる緊張で固くなった身体と心を和らげて解放する方法として、リラクゼーション法を身につけることは大変有効です。第10章で紹介した丹田呼吸法などの呼吸法や、ドイツの精神科医シュルツによって創案された自律訓練法、筋弛緩法は代表的な方法ですが、そのほかにも実に多くの方法が紹介されています。ここでは簡易リラクゼーション法として「筋弛緩法」と「温め弛緩法」を紹介します。

・筋弛緩法

　わたしたちの筋肉は、緊張状態と弛緩状態（リラックスした状態）を同時に保つことができないという特性がありますが、筋弛緩法はこの原理を利用しています。筋肉にぎゅっと最大限の力を入れることによって、そのあと一気に力を抜くことを繰り返すと、身体の筋肉はゆるゆると緩んでいきます。

　まずは自分の身体の疲れている部分に、ぎゅっと力を入れて緊張させてください。たとえば肩の場合、両肩を耳の方へとぎゅっと上に挙げて、限界までぐっと力を入れ続けます。そのあと、一気にすとん！と肩を下に落とし、入れていた力を手放してください。これを数回繰り返すと、肩周りが温かくなり、ゆるゆるしてくるのがわかります（ただし肩を動かした際に痛みを感じるようであれば無理をせず、上げた肩をゆっくり下ろすよう注意するほか、強い痛みをともなう場合には中止するようにしましょう）。

　目の場合は、ぎゅっと力いっぱい目をつぶり、その後、一気に力を手放し

てとろーんとさせて下さい。これを数回繰り返すと、目の周りが適度にゆるゆるします。普段から目を酷使している人は、目から涙が出てくることがよくあります。日頃の目の苦労を労ってあげてください。

• 温め弛緩法

　自律神経系の中枢でもある首の付け根や、足先をじんわり温める方法です。

　まずハンドタオルを濡らして、電子レンジで10秒ほどあたためて、ホットタオルを準備します。これを首の付け根に置いて、じんわり時間をかけて温めると、首を中心とした肩周りが温まり、筋肉の緊張が緩和されます。自分で心地よいと感じられる温度が適温です。身体の大事な部分ですので、くれぐれもやけどにはご注意下さい。

　同じく足先については、さきほどのホットタオルで足先を包む方法のほか、洗面器にお湯をくんで「足湯」を行うと、全身が温まり、身体と心の緊張がゆるゆるとほぐれていきます。冬場などは湯たんぽを利用することも、適度なリラクゼーションを促しますので、よろしければお試しください。

⑦こころを"今"に向ける感覚を養う（マインドフルネス瞑想）

　慌ただしい情報社会においては、私たちはいつでも多くの刺激にさらされ、常に先へ先へを追い立てられているため、こころも身体も消耗しやすい状態にあると考えられます。こうしたなか、「マインドフルネス瞑想」という仏教の教えにルーツを持つメンタルトレーニングの技法が、安らぎを見つける方法のひとつとして注目されています。

　典型的な方法では、楽な姿勢で座り、目をつぶって、自らの呼吸のひとつひとつに注意を向け続けます。息を吐くとき、吸うときで、毎回感覚が異なることを感じます。1分が経過したら、目を開けて、もと居た場所へ意識を戻します。

　このようにして呼吸に注意を向けることで、浮かんでは消えていくさまざまな考えやアイディアをただ観察し、少しずつ手放せるようになっていきます。アイディアを批判したり、しがみついたりするのではなく、ただ流れて

過ぎ去っていくままにするコツを掴むのです。すると次第に、頭のなかのあれこれや、未来や過去のあれこれではなく、「今、ここ」に注意が向けられるようになっていきます。また、自らの否定的な考えが浮かんでくることに気づけるようになり、それらを手放すことで、負のスパイラルに落ち込むことを自ら防げるようになります。このように、心がどのように働くのかが分かると、なぜ私たちがストレスやイライラに悩まされているのかがよく分かるようになり、解決策を見出しやすくなるといわれています（Williams & Penman, 2011）。

　普段の生活のなかでは、目標を立てて段取りを考えて何かをする「Doing」のモードになることがほとんどであり、「今、ここ」を感じていないことがよくあります。考え事でいっぱいになり、今日のランチの美味しさに気付かないなんてことは、よくあることではないでしょうか。マインドフルネスは、その場に留まり、現実をあるがままに受け入れるという「Being」のモードをもたらす試みであり、過度な刺激や時間のプレッシャーから解放され、あなた自身の本来のペースを取り戻すために役立つツールになると言えるでしょう。

　典型的な方法が難しいという人には、口のなかに入れたチョコレートに注意を向ける「チョコレート瞑想」（Williams & Penman, 2011）や、鳥の鳴き声やピアノの音に耳を澄ますトレーニング（熊野, 2017）など、さまざまな方法がありますので、あなた自身にぴったりの方法を見つけてみてください。

　これらの方法はいずれも、ストレッサーとストレス反応の悪循環を断ち切るのに役立ちます。これら以外にもまだまだたくさんの方法がありますので、いろいろな対策方法を試していただき、自分自身の感覚にピタリとくるものを探してみてください。

　ただし、お酒、ギャンブル（パチンコ・競輪・競馬）、買い物については、人によっては依存性が高くなり、逆効果となることがありますので、積極的にお勧めできません。くれぐれもご注意ください。

第 16 章　ストレスとどう付き合うか

コラム
PTSD について

　「トラウマ」や「PTSD」という言葉は、第 8 章でお話しした「うつ状態」や「うつ病」の場合と同じように、日常会話の中で本来とは少し違った意味合いで使われやすい言葉のひとつです。こうした理解のズレは、混乱や誤解の源になることも少なくなく、本当に必要なサポートが届かなくなる可能性も考えられます。そうしたことを防ぐために、ここでは PTSD が実際にはどのようなこころの不調なのかについて、DSM-5 を参考に紹介しましょう。

　PTSD（心的外傷後ストレス障害 Post-Traumatic Stress Disorder）とは、実際にまたは危うく死にそうになる、深刻な怪我を負う、性的暴力を受けるなど、精神的衝撃を受けるトラウマ（心的外傷）体験に晒されたことで生じる、特徴的なストレス症状群のことを指します。

　出来事の具体的な例としては、災害、暴力、深刻な性被害、重度事故、戦闘、虐待などが挙げられます。このような出来事に自分自身が遭遇する場合だけでなく、他人が巻き込まれるのを目撃することや、家族や親しい人が巻き込まれたのを知ることも、トラウマ体験となります。加えて、災害救援者の体験もトラウマとなり得ます。

　主な症状は下記の 4 つに分類されます。これらが 1 か月以上続いてみられ、それにより社会生活や日常生活に支障をきたしている場合、医学的に PTSD と診断されます。

①侵入症状
　トラウマとなった出来事に関する苦痛な記憶が突然よみがえったり、思

い出したりしたときに、気持ちが動揺したり、動悸や発汗などの身体の症状が生じます。悪夢による反復も含まれます。

②回避症状
　トラウマとなった出来事に関して思い出したり考えたりすることを避け、思い出させる人物や事物、状況などを避けるようになります。

③認知と気分の陰性の変化
　否定的な認知、興味・関心の喪失、周囲との疎隔感や孤立感を覚え、幸せや愛情といった温かい感情を持てなくなります。

④覚醒度と反応性の著しい変化
　イライラ感が募るほか、無謀な行動や自己破壊的な行動、過剰な警戒心、ちょっとした刺激にもひどくビクっと驚いてしまうような状態、集中困難、睡眠障害が見られます。

　人間の対処能力をはるかに超えた出来事に圧倒されることがきっかけとなっているため、出来事を境に体験世界が一変したように感じる場合がほとんどです。豊かな感情や現実感が失われ、実感がわかなくなる状態となります。「自分はおかしくなってしまった」「自分はダメになってしまったのではないか」と感じられる方も少なくなく、普段どおりの生活を送ることがとても難しくなっている例が多くみられます。「あの日がいつも自分と一緒にいる」と語られることもあり、ひと時も心が休まらず、本人にとって苦しい状態です。
　深刻な出来事に遭遇した全員が、トラウマによる症状に悩まされるわけではありませんが、上記のように、自らの回復力がうまく働かない状態に陥った場合には、自分ひとりで頑張るのではなく、周囲のサポートも視野に入れることが必要と考えられます。具体的には、物理的な安全（住居な

どの生活環境）を確保したうえで、精神的な安心の確保の一助として、こころの専門家によるサポートが必要です。

　みなさんとみなさんの大事な方がこうした症状に悩まされている場合、まずは大学内の学生相談室や保健センターを訪ねていただくことをお勧めします。そこからより専門的な治療機関への紹介が可能となるからです。必要を感じた際、一度訪ねてみてください。

第 17 章
眠ることとどう付き合うか

1　眠ることと生きること

もうまもなく『キャンパスライフとメンタルヘルス』の講義が始まるところです。さきほどから松山君があくびを連発しています。

松山修造：ふ、あぁぁあああ……（大きなあくび）
今池爽太：なんだよお前、朝から大あくびして。彼女とデートか？
松山修造：（真っ赤になって）ちっ、違いますよっ！！来週、試合があるんで、このところ朝練で毎朝6時起きなんで、すごい眠くて……。
今池爽太：とか言ってお前、夜の9時には寝てんだろ？（笑）いいよなぁ。オレなんか居酒屋バイトの終わりが毎晩2時だしよ……いつも睡眠5時間以下だから、目の下のクマも取れないし……デート代稼ぐのも楽じゃないねぇ。
一色高志：やぁ。午前中にソウタに会えるなんて、かなりめずらしいな。
今池爽太：高志さん、おはよっす。高志さんも、目の下のクマすごいですね。
一色高志：ああ。深夜まで海外のマーケットをチェックしてるし、朝も英会話レッスンでスーザン先生と最近の海外市場の動向について議論してたよ。睡眠時間3時間のナポレオンには及ばないけど、毎日4時間睡眠だから、クマはまぁ仕方ないか……。将来の成功者には、付きものなんじゃないか。自分への投資のためにも睡眠は削らないと。

今池爽太：お互い、辛いっすね。たまに早く寝れる日があると寝付けなくて、ビールの力を借りちゃってます。ホントはダメらしいっすけど。

一色高志：ああ、僕もベッドサイドにはウィスキーかな……たまにやってるよ。

今池爽太：さすが高志さん。俺もたまにジンとかウォッカとか……。

松山修造：ふたり、なにオトナ自慢してんすか。ほらほら、講義始まりますよ。

よく眠ること＝(イコール)よく生きること

　私たちはみな1日24時間のサイクルで生活していますが、そのうち3分の1ほどの時間を、身体を横たえて心身ともに休息する「睡眠の時間」として毎日欠かさず確保しています。

　寝ている時間を"無駄に過ごしている""もったいない"と感じる人もなかにはいるようですが、睡眠は身体と脳の機能の回復に不可欠で、生命維持の要ですので、決して軽んじることのできない生理的な営みです。

　いわゆる"断眠実験"の結果が明らかに示しているように、必要な睡眠時間を削った場合、脳は正常に機能せず、幻覚を見るなどの思考の異変を来します。さらに完全に不眠状態が続くと、脳の神経が過度に興奮し、神経細胞が破壊される一方で、筋肉では乳酸が蓄積し、筋肉そのものが崩壊するなど、深刻な場合には死に至ります。このように、「眠ること」はそのまま「生きること」と直結しており、そもそも「よく生きる」ということは、「よく眠る」に支えられて成り立っているとも考えられます。

　この章では"あなたにとってのより豊かな眠り"をテーマに、自分の状態の理解や眠りのコツについて考えていきたいと思います。

第Ⅲ部　こころ・からだ編

睡眠をめぐるホント？　ウソ？

突然ですが、ここでクイズです。みなさんも一緒に考えてみてください。

Q1　睡眠時間が8時間を上回るとより健康になれるって、ホント？ウソ？
Q2　眠る前にお酒を飲むとよく眠れるようになるって、ホント？ウソ？
Q3　必要とされる睡眠時間は年齢によって異なるって、ホント？ウソ？
Q4　私たちの睡眠は「浅い眠り（レム睡眠）」と「深い眠り（ノンレム睡眠）」を一定のリズムで繰り返しているが、新生児は40分、成人は90分周期である。ホント？ウソ？
Q5　睡眠が十分かどうかは、日中の食欲で判断する。ホント？ウソ？

　　　　　　　　　　　　　（答えはこの章の最後をご参照ください）

一色高志：なるほど……Q2は「ホント」だと思っていたが……クイズになるくらいだから、そうか「ウソ」なのかもしれないな。
松山修造：そっか、オレいつもお腹空いてるから、睡眠足りないんだな。
今池爽太：んなわけねーだろ（笑）お前が睡眠足りてなかったら、世界中みんな睡眠不足だよ……Q5は「ウソ」なんじゃねぇの？　それにしても、睡眠について今までちゃんと考えたことなかったな……少しはシュウシュウを見習うかなぁ……。

2　眠りとメンタルヘルスの関係

　睡眠の問題は、メンタルヘルスを健やかに保つ上で"要（かなめ）"ともいえるトピックです。精神の病をはじめとするメンタルヘルスの不調の背景のほとんどに、必ずといっていいほど「不眠」が存在することは、精神医学や心理臨床の分野ではよく知られた事実です。

　日本の一般成人の睡眠時間は6時間以上8時間未満の人がおよそ6割を占め、これが標準的な睡眠時間と考えられていますが（厚生労働省県健康局『健康づく

りのための睡眠指針2014』より)、実は睡眠という営みはとても個性的で個人差が大きなものです。体質的に睡眠時間が少なくてすむ人と、長時間の眠りが必要な人とがいることは、最近ではよく知られていますが(堀ほか,2008,原田,2015)、あくまで「自分にとってほどよい睡眠時間」はどのくらいの長さなのかを把握し、その時間をしっかり確保するよう工夫することが、心身の健康を守るためにはとても重要です。

　また最近ではさまざまなライフスタイルが奨励され、深夜に働く人々も増えていますが、体質的にリズムの変更がしやすい人としにくい人がいる点にも、同じように注意が必要です。リズムを変更しにくい人が変則的なくらしを続けていると、心身に悪影響が生じることは想像に難くありません。

　あなたにとって、心地よい睡眠とはどのようなものでしょうか。どのくらい眠ると翌日の調子がよいでしょうか？　朝型でしょうか、それとも夜型でしょうか？　自由時間を確保しやすいキャンパスライフだからこそ、自分本来の睡眠特性を発見しやすいのではないかと思います。社会人になる前に、自分にとってほどよい睡眠時間を把握しておくことは、その後のライフプランを健やか、かつ現実的に設計するためにも大切なことではないでしょうか。

3 あなたの睡眠をチェックしてみよう

　世界保健機関（WHO）が中心となって作成した、世界標準の快眠度チェックシートを使って、あなたの現在の眠りの状態をチェックしてみましょう。何事も、まずは現状の把握から始めることが大切です。次ページに示された8つの質問について、ここ1か月間で、少なくとも週3回以上経験したものをそれぞれ選んでください。

　たとえば「日中の眠気はありましたか？」の質問に対し、かなり眠たい日がこの1か月の間、おおむね週3回くらいのペースで体験されていたのであれば、「2　かなりあった」を選択します。各質問の得点の合計から、自分がA～C群のうちどれに該当するのかを割り出してみてください。

- A群のあなた　おおむねよく眠れています。今後もこの状態を維持して下さい。
- B群のあなた　生活習慣や睡眠環境の改善を行う必要があると考えられます。また強いストレス負荷を感じているなら、ストレッサーを減らす努力とともに、対処の検討が必要です。
- C群のあなた　不眠症の可能性が指摘されるので、早いうちに、睡眠障害の専門医のもとを訪れてください。

　いかがでしたでしょうか。これはあくまで紙面上のチェックリストですので、睡眠状態の詳細がわかるものではありません。自分の睡眠について心配に思われた方は、大学キャンパス内の保健センターの医師や、睡眠の専門家（民間の睡眠クリニックまたは精神科クリニック）との相談をおすすめします。「たかが睡眠のことで病院なんて……」と思われるかもしれませんが、早いうちに診ていただくことで、より深刻な事態を招くのを防ぐことができます。

　睡眠は身体の健康のみならず、心の健康への影響が大きいため、早め早めの

1	寝床についてから実際に眠るまで、時間がかかりましたか？	0	いつも寝つきは良い
		1	いつもより少し時間がかかった
		2	いつもよりかなり時間がかかった
		3	いつもより非常に時間がかかった、あるいは全く眠れなかった
2	夜間、睡眠の途中で目が覚めましたか？	0	問題になるほどのことはなかった
		1	少し困ることがある
		2	かなり困っている
		3	深刻な状態、あるいは全く眠れなかった
3	希望する起床時刻より早く目覚め、それ以降眠れないことはありましたか？	0	そのようなことはなかった
		1	少し早かった
		2	かなり早かった
		3	非常に早かった、あるいは全く眠れなかった
4	夜の眠りや昼寝も合わせて、トータルな睡眠時間は足りていましたか？	0	十分である
		1	少し足りない
		2	かなり足りない
		3	全く足りない、あるいは全く眠れなかった
5	全体的な睡眠の質についてどう感じていますか？	0	満足している
		1	少し不満である
		2	かなり不満である
		3	非常に不満である、あるいは全く眠れなかった
6	日中の気分はいかがでしたか？	0	いつもどおり
		1	少し減入った
		2	かなり減入った
		3	非常に減入った
7	日中の身体的および精神的な活動の状態はいかがでしたか？	0	いつもどおり
		1	少し低下した
		2	かなり低下した
		3	非常に低下した
8	日中の眠気はありましたか？	0	全くなかった
		1	すこしあった
		2	かなりあった
		3	激しかった

合計	点	A群【1〜3点】	まずまずの睡眠が取れています
		B群【4〜5点】	不眠症の疑いがあります
		C群【6点以上】	不眠症の可能性が高いです

出典：Soldatos et al.（2000）より筆者らが作成。

手当てが肝心です。無理をせず、積極的に休息をとりましょう。

　いかがでしたでしょうか。睡眠についての情報や知識も日々更新されるので、ここに書いてある内容も、今後、常識ではなくなる可能性があります。つねに新しい情報を取り入れて、その都度ご自分の知識をアップデートしてください。

4　今日からできる、睡眠の質を高めるコツ

　厚生労働省は2014年に「健康作りのための睡眠指針2014〜睡眠12箇条〜」をまとめ、老若男女全員を対象に睡眠習慣の改善を奨励しています。

睡眠12箇条

1. 良い睡眠で、からだもこころも健康に。
2. 適度な運動、しっかり朝食、ねむりとめざめのメリハリを。
3. 良い睡眠は、生活習慣病予防につながります。
4. 睡眠による休養感は、こころの健康に重要です。
5. 年齢や季節に応じて、ひるまの眠気で困らない程度の睡眠を。
6. 良い睡眠のためには、環境づくりも重要です。
7. 若年世代は夜更かし避けて、体内時計のリズムを保つ。
8. 勤労世代の疲労回復・能率アップに、毎日充分な睡眠を。
9. 熟年世代は朝晩メリハリ、ひるまに適度な運動で良い睡眠。
10. 眠くなってから寝床に入り、起きる時間は遅らせない。
11. いつもと違う睡眠には、要注意。
12. 眠れない、その苦しみをかかえずに、専門家に相談を。

出典：厚生労働省健康局（2014）「健康づくりのための睡眠指針2014」。

　ここでは、これらの知見を参考にしつつ、大学生のみなさんが今晩から工夫できる、眠りの質を高めるための8つのコツを紹介します。

①規則的な睡眠スケジュールを適度に守る

　睡眠メモ（章末の専用用紙）または専用アプリなどを活用し、睡眠記録をつけることで、自分の睡眠パターンをざっと把握しましょう。就寝時間はまちまちでも、「起床時間」をほぼ固定として過ごすと、生活リズムを保ちやすいとされています。試してみましょう。

②眠りを妨げるものを避ける

　珈琲・紅茶・緑茶などに含まれるカフェインの摂取は、良質の睡眠を妨げる場合があるため、就寝4時間前までに済ませるよう心がけましょう。タバコのニコチン摂取もまた同様です。そして、TV・PC・タブレット・スマートフォンの画面からくる光刺激は、私たちの脳神経を興奮させ、眠りを妨げるので、就寝1時間前までには電源を切るよう心がけてください。そばにあるとつい見てしまうものなので、できればこうした電子機器を寝室には置かないなど、各自工夫してみましょう。

③眠る前にはリラックス

　適度にリラックスした状態で入眠するためには、眠る1時間前までに入浴をすませておくことが大切です。季節を問わず、40度程度のぬるめのお湯にゆっくりつかると、血液の循環がよくなります。入浴後、脳と身体の深部体温が自然と下がり休養モードになります。発汗が促されるため、適度に水分補給しつつ、ゆったり過ごしてください。就寝前1時間～30分を"リラックスタイム"と名付け、音楽やアロマなどの香りを楽しむほか、照明を落としてぼーっと過ごす時間にすると、入眠がよりスムーズになります。

④睡眠環境を整える工夫

　暑すぎても寒すぎても、人間はぐっすり眠れません。一説によると、布団のなかの温度は33度、湿度は50％前後が最適と紹介されています（白川, 2016）。これを維持するために、吸湿性と通気性のよい寝具を活用することや、ゆった

りとしたパジャマを選ぶなど、快適な睡眠環境づくりを工夫しましょう。

　日本では、春と秋が気温・湿度ともにもっとも眠りやすい時期ですが、夏の快眠環境の目安は「気温25〜27度、湿度70％以下」であり、冬は「気温16〜20度、湿度50％以上」となります。夏はエアコンや氷枕、冬はヒーターや加湿器、湯たんぽの活用などにより、積極的な調節を心がけてください。

⑤光の活用

　人間が生まれながらにして持つ体内時計、いわゆるサーカディアンリズムは、朝の明るい光でリセットされ、約24時間の周期に同調し正常化します。また朝の明るい光は、メラトニン（眠気をもたらすホルモン）の分泌を抑制するので、すっきりとした目覚めを促します。したがって、朝はカーテンを開けて日光を取り入れ、日中も日差しを適度に浴びることが、良質の睡眠を呼び込むコツといえるでしょう。光を充分に浴びて生体リズムを整えていきましょう。

⑥規則正しい食事を心掛ける

　朝と夜の規則正しい食事は、代謝リズムを整え、良質の睡眠をもたらします。ただし、就寝直前にたっぷりと食事をとることは、眠りを妨げるため、注意が必要です。夕食分の食事量を消化するには３時間ほどかかるため、就寝直前の食事はできるだけ控えましょう。ただし、あまりに空腹の場合にも入眠が妨げられるため、そんなときは100キロカロリー以下の消化のよい食物を摂取し、空腹を和らげることでいい眠りを呼び込みましょう。

⑦適度な運動習慣をつくる

　適度な運動習慣を取り入れることで、頭脳労働との間にバランスが取れて、眠りの質が向上するといわれています。できれば週３回、１回30分程度の有酸素運動を始めてみましょう。ただし夜の睡眠の直前に激しい運動を行うと良質の睡眠の妨げとなるため、注意が必要です。

⑧昼寝をするなら30分以内

　軽い睡眠不足を補う意味でも、昼寝は奨励されています。ただし時間帯としては15時までに、30分以内がおおよその目安です。30分を超えると夜の睡眠をはじめ生体リズムに影響を与えるため、注意が必要です。

　いかがでしたでしょうか。ご自身で「やってみようかな」とひらめいたところから始めていただくのが、無理なく続けられる秘訣かと思います。
　ぜひ今晩から始めてみてください。心地よい眠りが訪れますように。

答えと解説

A1　ウソ
　そのような根拠は今のところありません。適度な睡眠の長さは個人差が大きく、眠りの質が高ければ6時間台でも充分。長すぎればかえって害になることも。

A2　ウソ
　寝付きが良くなるように感じますが、実際は眠りが浅くなり、睡眠の質が低下します。眠れない夜の対策に、お酒は残念ながら逆効果です。

A3　ホント
　加齢にともなって睡眠の必要度が少なくなり、睡眠時間はやや短くなります。ただし個人差がありますので、注意しましょう。

A4　ホント
　新生児は40〜60分、5〜10歳にかけて成人と同じ90分周期へと変化します。ちなみにレム睡眠のタイミングで起きると、スッキリ起きられると言われています。90分を1単位とし、その倍数で起床時間を決めると起床がスムーズになります。

A5　ウソ
　睡眠が充分かどうかは、日中の「眠気」で判断しましょう。

第Ⅲ部 こころ・からだ編

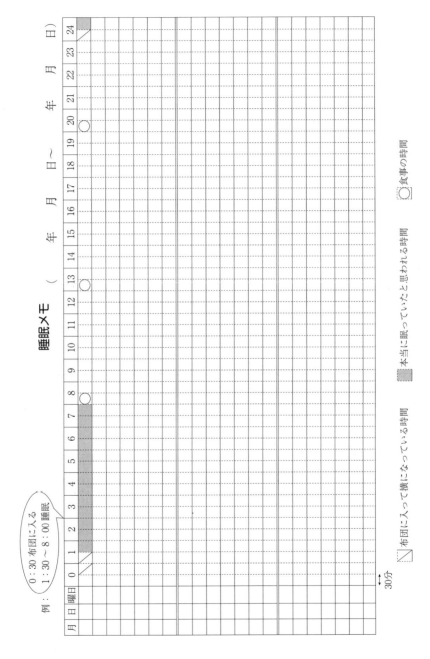

終章
困ったときは、相談しよう

1　残り30％の対処法

今日は授業や大学生活でこれまでに学んだことについて、フリーディスカッションをしてもらいます。いつものグループメンバーと話し合ってください。後ほど、グループごとに話し合った内容を発表してもらいます。では始めてください。

松山修造：この授業で精神疾患のことがわかってよかった。それまで自分には関係ない「こころの弱い人」の問題と思っていたけど、普通に誰にでもあることなんだなって。後輩のことも少しわかったし。

井伊谷舞華：私はお金のことかな。気付かないところで結構あぶないことしてたみたい。ハルハルは？

森野晴香：私は大学のこと。今思うと不本意入学だったんだなって自覚した。それでみんなと話してたら、やっぱりこの大学でやっていこうって思えたのが一番よかった！

今池爽太：俺は、バイト先がやばかったこととか。色んなハラスメントとか分かった。あと、俺は睡眠が全然ダメ、昨日もバイトの後、徹夜でレポート書いてたし。

一色高志：僕も村下夏樹の新作小説読んでたら朝になってたよ。

松山修造：また二人の寝てない自慢っすか？

人見知世：話がずれてるよ。私は4年間のロードマップが印象に残って。カウンセラーになろうと思っていたけど、あまり具体的

第Ⅲ部　こころ・からだ編

松山修造：に考えてなかったことがわかったから。
松山修造：さすがヒトちゃん。話戻すなんて、やっぱり心理学科は違いますね。自分はすぐ脱線するから……。
人見知世：（小声で）心理学とはあまり関係ないと思うけど……。
井伊谷舞華：（小声で）シュウシュウは、ヒトちゃんにあれだから。
松山修造：……自分はすぐ脱線するから。自分たち、この授業はまじめに受けたんで、あとの大学生活、何が起きても大丈夫ですね。
森野晴香：シュウシュウ、それポジティブすぎるよ。リスクは必ずあるし、何が起こるかわからないもの。
今池爽太：ハルハルはネガティブ過ぎだよ。
井伊谷舞華：まぁ、いいじゃない。
一色高志：先生が授業でいつも「ほどほど」とか「70％」って言うから、そこにヒントがあるような？
人見知世：ガイダンス授業の時にも「大人になるということは、自分の力で、自身の面倒を、ほどほどに（70％）見られるようになること」っておっしゃってたわね。ノートに書いてある。
松山修造：じゃあ残り30％はどうすればいいんだ？　先生、質問です。
先　　生：松山さん、良い質問なので、受講生全体でシェアしましょう。みなさん聞いてください。

残り30％の対処法

　大学生は自分のくらしの舵取りを少しずつ自分でできるように練習していく、いわば子どもから大人への移行期間です。自由な舵取りができるといってもそこは人生の大海原、海が荒れて高波におそわれることもあれば、凪でまったく船が進まないこともあります。すべて自力で舵取りができるわけではありません。

　無理なくほどほどに、70％くらい舵取りができれば、それは立派な大人です。それでは自力では舵取りできない残り30％はどうすればよいのでしょうか？

ほどよく依存する

　生まれたばかりの赤ちゃんは100%近く他人に依存して生命を維持しています。一方の大人はほとんど他人に依存しないかというと、そうではありません。状況に応じて、周囲のさまざまな人に、"上手にほどよく依存"しながらくらしています。

　しかしアルコール依存、薬物依存、インターネット依存、恋愛依存など依存という言葉のイメージが強すぎるためか、依存というと多くの大学生は多少の抵抗を感じるようです。依存ではなく、人に頼ることと表現した方が良いかも知れません。あるいは周囲のサポート資源を有効活用すると言った方が受け入れやすいでしょうか。

2　大学のサポートを活用しよう

2種類のサポート資源

　社会心理学の研究によると、サポート資源には道具的サポートと情緒的サポートがあります。道具的サポートは、問題解決のための情報提供やアドバイス、お金や物による支援などのことです。情緒的サポートは、勇気づける、励ます、共感することなどです。自分自身がどのようなサポートを必要としているのか、この2つを意識すると、サポート資源を有効に活用できるヒントになるでしょう。

学内のサポート資源を知ろう

　大学の事務部には学業や一人ぐらしなど学生生活をサポートする部署や、就職活動をサポートする部署などがたくさんあります。学業なら図書館や情報センター、国際センター、就職ならばキャリア支援センターや就職支援室など、みなさんにとって必要な情報に応じてたくさんの部署がサポートしてくれます。また、こころやからだのことは保健センターや学生相談室などがあなたをサポートしてくれます。

新学期のガイダンスの時に受け取る膨大な資料のどこかに、このような学内のサポート資源の情報が掲載されているので、ぜひ、資料の山から発掘してみてください。

大学はサポート資源の宝庫

病気やケガの場合は医師や看護師など医療の専門家の力を借りる必要がありますし、法律に関わる問題の場合は、弁護士など法学の専門家の力を借りる必要があります。とはいえ、病院に行くほどでもなく、あるいは弁護士を訪ねるほどではないものの、どうしたらよいかわからないようなグレーゾーンの問題はたくさんあります。そのような時に、大学は、専門家を見つけやすい場所なのです。

みなさんは、普段の授業でもそれぞれの先生の専門性を目の当たりにしていることと思いますが、あくまで授業をする存在としての大学教員というイメージが強いかも知れません。しかし、見方を変えると、大学ほど専門家の人口密度が高く、しかもバラエティに富んでいる場はありません。医療、福祉、心理、法律、政治、経済、食物、栄養などなど、私たちが日常生活を送る上で、疑問に思ったり、困難を感じることについて真っ先に相談できる専門家の宝庫なのです。

専任教員の先生でしたら、オフィスアワーに研究室を訪ねてみてください。非常勤の先生も、授業の前後に質問してみると相談に乗ってくれることでしょう。大学の先生に相談するなんて敷居が高いと思うかも知れませんが、そんなことはありません。学生の面倒見がいい先生もたくさんいます。

「はじめに」で紹介したエリクソンは、年長者は若者に必要とされることを必要としていると言っています。一見、近寄りがたい先生方も実は学生が自分の専門性を頼ってくれることを嬉しく感じるものなのです。

ただ、ここで注意したいことは、あくまで先生方は相談の入口であるということです。あなたの疑問や抱えている問題が、専門相談に行った方がいいレベルのことなのか、あるいは、大学の先生が専門的なアドバイスをするレベルで

終　章　困ったときは、相談しよう

すむことなのか、問題の質を見極めてくれるということです。

学外にもある相談資源

　もし学内のサポート資源や大学の先生方の専門的アドバイスを受けたとしても解決できないような問題であったら、医療機関やカウンセリング施設、法律事務所や消費者センターなど、学外の専門相談を活用しましょう。学外の資源を頼ることは決して恥ずかしいことではありませんし、あなたが今後、ほどほどに人生の舵取りをしていくための寄港地であり、休息したり補給したりするためにも大変重要なことだからです。

　　一色高志：僕は人に頼るのを恥ずかしいと思っていたけど、そうじゃな
　　　　　　　いんだね。
　　今池爽太：そうはいっても、高志さんが人に相談するところ、想像しに
　　　　　　　くいです。
　　一色高志：そんなことないさ、大学院の先輩にはよく院試とか研究の相
　　　　　　　談をしてるよ。
　　松山修造：すっかり自分でできる気になってたけど、頼るのも大事なん
　　　　　　　ですね。
　　井伊谷舞華：そうそう、そろそろシュウシュウも私やハルハルに頼った
　　　　　　　ら？
　　松山修造：え、何を？
　　井伊谷舞華：２年生のプランニングシート。まだ実行してないんでしょ
　　　　　　　う？
　　松山修造：え、何すか急に、え？？
　　井伊谷舞華：(小声) シュウシュウは、ヒトちゃんに告白するんでしょ！
　　松山修造：あぁぁ！いやあの。
　　　先　生：松山さん！もう少し静かに話し合ってください。

コラム
こころの専門家について

　本書では、大学生がこころの不調で困った時の相談相手として臨床心理士や公認心理師、精神科医などの専門職を挙げています。これらの専門職はいずれも「こころの専門家」です。それぞれどのような資格なのか紹介しましょう。

● 臨床心理士

　（公財）日本臨床心理士資格認定協会が認定する、心理専門職の民間資格です。臨床心理士の教育・訓練システムが整っている「指定大学院」および「専門職大学院」にて、こころの専門家として一定水準以上の基本的な知識と実践的な技能を修得し、修士課程を修了後、資格審査（毎年秋に実施）に合格することで認定されます。臨床心理学に基づいた臨床心理学的アプローチ、心理療法や心理アセスメントの専門家となります。

　1989年（平成1年）に第1号の臨床心理士が誕生して以来、2018年（平成30年）4月の時点で34,504名の臨床心理士が認定され、医療・保健、教育、福祉、研究所、司法・警察、産業など多くの分野にわたり、心理相談（カウンセリング・心理療法ほか）を主として働いています。みなさんの身近では、小学校・中学校・高校のスクールカウンセラーをはじめ、大学学生相談室のカウンセラー、病院（精神科・心療内科・小児科など）や精神科クリニックの心理職のほとんどは、臨床心理士となります（2019年3月現在）。

　カウンセリングや心理療法の基本構造は1回あたり50分で、毎週ないし隔週の頻度で、定期的な面接を継続します。なお、臨床心理士は医師ではありませんので、薬物療法を行うことは一切できません。　＊くわしくは一

般社団法人日本臨床心理士会 HP をご参照のほど。

- 公認心理師

日本初の心理職の国家資格です。諸領域にまたがる汎用資格としての性質を持ち、心理職の基礎資格として位置づけられます。公認心理師登録簿への登録を受け、公認心理師の名称を用いて、保健医療、福祉、教育その他の分野において、心理学に関する専門知識および技術をもって、下記の①〜④の業務を担当するものと法律（公認心理師法）で定められています。

①心理に関する支援を要する者の心理状態の観察、その結果の分析
②心理に関する支援を要する者に対する、その心理に関する相談及び助言、指導その他の援助
③心理に関する支援を要する者の関係者に対する相談及び助言、指導その他の援助
④心の健康に関する知識の普及を図るための教育及び情報の提供

2018年（平成30年）に行われた初めての国家試験では28,574名の方が合格し、公認心理師としての登録が可能となりました。スタートしたばかりの制度ですので、働く公認心理師の姿が実際に見られるのは、2019年4月以降となります。なお、2022年までは経過措置期間として、すでに心理職として働いている方に期間限定での受験資格を認めています。彼らの経歴はさまざまですが、その多くは臨床心理士の人たちです。

なお、公認心理師は医師ではありませんので、臨床心理士と同様、薬物療法を行うことはできません。

上記の臨床心理士と異なる点は、国家資格ゆえの法律上の規程が定められている点と、資格取得までの道筋です（表1および図1参照）。公認心理師では、公認心理師養成カリキュラムのある大学学部（心理学）の卒業が基本条件になるため、他学部に在学中の場合はしかるべき学部への再入

学・編入学が必要となります。

　学部卒業後、養成大学院の修士課程に進学し、修了後に受験資格を得るルートと、指定された専門施設にて実務経験を積むことで受験資格が得られるルートがあります（図1参照）。教育・訓練システムが整っている専門施設が極めて限られているため、2019年現在、①の「大学院進学ルート」、すなわち学部と大学院を合わせての6年コースが主な道筋と考えられており、大学院修了程度の資格となります。　＊くわしくは厚生労働省HPをご参照のほど。

• 精神科医

　精神医学を専門とする医師であり、精神障害の治療を専門とします。精神科医の業務としては精神疾患の診療、精神疾患の予防、精神衛生の普及があります。治療の基本は薬物療法が中心で、薬物を用いて脳内の神経伝達物質にアプローチし、精神症状を和らげます。医師がカウンセリングや心理療法を行う場合は「精神療法」という言葉が使われますが、現在の日本の医学部教育では学ぶ機会が得られないことから、医師自らが自主的に外部の研修会等に参加し技術を磨かない限り、実施は難しいのが現状です。したがって多くの病院または精神科クリニックでは、精神科医と心理職（臨床心理士・公認心理師）とで連携し、精神科医が薬物療法を担当し、心理職は心理療法を担当するというかたちで、患者さんに同時並行でアプローチする方法が選択されています。

• 心療内科医

　心身医学（心と身体は互いに影響しあうという心身相関の考え方）に基づいた診療科で働く医師を指し、主に身体症状を訴える心身症、ストレス疾患を専門に扱います。したがって心療内科医は基本的に内科医となります。たとえば過敏性大腸症候群のように器質的・機能的障害に心理・社会的因子が密接に関わる病態を治療対象とします。そのほか、摂食障害（拒食）

により体重低下が著しい場合の救急処置や、行動制限等による治療が行われています。

　みなさんが「どの専門家に相談するのがよいか？」と迷うときには、まずは学生相談室や保健センターのスタッフに相談してみることをお勧めします。こうした機関には、上記いずれかの専門家に会える可能性が高いため、必要を感じたら訪ねてみてください。

表1　臨床心理士および公認心理師の受験資格の可否

	受験資取得の可否	
	臨床心理士	公認心理師
大学で心理学の課程を修めた人	○	○*
大学で心理学の課程を修めていない人	○	×

＊公認心理師に必要な科目を履修した場合に限る。

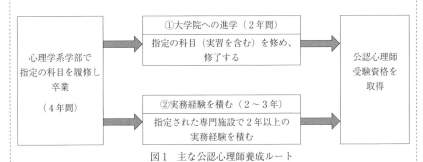

図1　主な公認心理師養成ルート

出典：表1、図1ともに大妻女子大学ホームページ（http://www.otsuma.ac.jp/news/2017/20170727150012）の図表をもとに筆者らが改編。

おわりに
――「わたしになる」ということ――

　わたしたちの生活がある日を境に急激に変化することが多々あります。入学式を過ぎると、その日から「緑が丘大学」の学生と名乗ることができたり、20歳になるとその日からお酒を飲めたりします。社会的な制度は私たちの行動を時間軸に沿って外側から規定しますが、一方の私たちの内側はその規定になかなかついていけません。4月から大学生として社会的に認められる存在になったとしても、こころのなかはまだまだ「高校生のわたし」が居座っています。法律上、社会から「大人」と認められてもこころの内側に「子どものわたし」は居続けるのです。

　この急激な変化にともなうわたしの内と外とのギャップを埋めるものが、イニシエーションといわれる儀式でした。古来、イニシエーションには死と再生をモチーフにしたものが多くありました。これまでの生活様式を失い、そして新たな様式を獲得するからです。入学式や成人式もイニシエーションの一つと言えますが、伝統儀式からはかけ離れて形骸化しているので、死と再生を感じることは少ないでしょう。

　伝統儀式から離れた現在の若者にとって、社会的に規定されて「大人になる」という急激な変化にともなうわたしの内と外とのギャップが意識化されにくい課題となっているようです。一方で、大人になることをものすごく大変な課題であると無意識的にとらえてしまい、大人とは完全に自立することだと肩肘はって苦しくなっている学生や、反対に社会的な規定に流されまいと無理をして、いつまでも自分の生き方にコミットできず、アイデンティティが定まらない学生もいるように感じます。

　これは筆者らが大学の学生相談室や精神科クリニックの臨床心理士・公認心理師として、また大学の教育に携わる者として学生さんたちとお会いしてきた

経験による実感です。そこで、高校生から大学生への移行、子どもから大人への移行を、心理学の教育を通じてサポートしたいというのが筆者らの最初の思いでした。

　本書は大妻女子大学の全学共通科目「キャンパスライフとメンタルヘルス」の講義録にその起源がありますが、全国の大学生にも読んでいただけるように著者らが今回相当に加筆修正していますので、単なる講義録ではありません。6人の架空の大学生と一緒に授業を受けるように、物語風の読み物として、最初から順に読んでいただいても結構ですし、教科書として授業内容に合わせてテーマごとに読んでいただいてもいいように作成しました。いずれにしろ、大学生になったばかりの方、これから大学生になろうとする中学生・高校生の方々の目に触れ、大学生活の道しるべになってくれるのなら、これ以上の幸せはありません。

　さて、本書には東京大学学生相談ネットワーク本部精神保健支援室の医師、渡邊慶一郎先生、西村文親先生のご助言を頂きました。文献リストや一部資料の作成には大学院生の神山ルリ乃さんのサポートを受けました。また、ミネルヴァ書房東京の三上直樹さん、宮川友里さんの的確なアドバイスにいつも助けられました。そして双方の家族が総動員で原稿読みだけでなく、6人のキャラクターのチェックまで手伝ってくれました。記して皆様に感謝申し上げます。最後に授業に参加してくださった大妻女子大学の受講生に感謝致します。

平成31年　新緑のころに

古田雅明・香月菜々子

参 考 文 献

飛鳥井望『「心の傷」のケアと治療ガイド』保健同人社，2010年。

アンドリュース，G. ほか『不安障害の認知行動療法（1）パニック障害と広場恐怖』星和書店，2003年。(Andrews, G. et al., *The Treatment of Anxiety Disorders. Clinician Guides and Patient Manuals, Second edition*, Cambridge University Press, 2002.)

アンドリュース，G. ほか『不安障害の認知行動療法（2）社会恐怖』星和書店，2003年。(Andrews, G. et al., *The Treatment of Anxiety Disorders. Clinician Guides and Patient Manuals, Second edition*, Cambridge University Press, 2002.)

アントニー，M.R.／ロワ，K.『エビデンス・ベイスト心理療法シリーズ⑧社交不安障害』（鈴木伸一ほか訳）金剛出版社，2011年。

石川瞭子『高校生・大学生のためのメンタルヘルス対策』青弓社，2013年。

石川俊男「摂食障害の治療状況・予後等に関する調査研究」平成11〜13年度　精神・神経疾患研究委託費（11指-8）。

一般社団法人日本トラウマティック・ストレス学会「トピックス　PTSDとは」http://www.jstss.org/topics/01/（最終閲覧日：2019年3月16日）

伊藤絵美『認知療法・認知行動療法カウンセリング初級ワークショップ　CBTカウンセリング』星和書店，2005年。

伊藤順一郎『統合失調症とつき合う』保健同人社，2002年（改訂版 2011年）。

逸見敏郎・山中淑江『大学生が出会うリスクとセルフマネジメント』学苑社，2015年。

ウィニコット，D.W.『小児医学から精神分析へ』（北山修監訳）岩崎学術出版，2005年。

ウィリアムズ，M.／ペンマン，D.『自分でできるマインドフルネス』（佐渡充洋・大野裕監訳）創元社，2016年。(Williams, M. & Penman, D., *Mindfulness: A Practical Guide to Finding Peace in a Frantic World*, Rodale Books, 2011.)

内山喜久雄・筒井末春・上里一郎監修／土川隆史編『スチューデント・アパシー』同朋舎，1990年。

内山真『睡眠のはなし　快眠のためのヒント』中央公論社，2014年。

APA「DSM-5 精神疾患の分類と診断の手引」（高橋三郎・大野裕監訳）医学書院，2014年。(American Psychiatric Association, *Diagnostic and Statistical Manual of Mental Disorders: DSM-5*. American Psychiatric Pub Inc, 2013.)

NPO法人レジリエンス『傷ついたあなたへ　わたしがわたしを大切にするということ　DVトラウマからの回復ワークブック』梨の木舎，2005年。

エリクソン，E.H.『自我同一性　アイデンティティとライフ・サイクル』（小此木啓吾訳）誠信書房，1973年。(Erikson, E.H., *Identity and the Life cycle*, International Universities Press, 1959.)

遠藤智子『デートDV　愛か暴力か，見抜く力があなたを救う』KKベストセラーズ，2007年。

大妻女子大学学生相談センター『教職員の学生対応のために　気になる学生とのかかわり』2015年。

大妻女子大学『学生生活の手引き』2017年。

大妻女子大学・大妻女子大学短期大学部『平成30年度　学生生活の手引き』2018年。

大野裕『こころが晴れるノート　うつと不安の認知療法自習帳』創元社，2003年。

岡田尊司『統合失調症その新たなる真実』PHP研究所，2010年。

岡本祐子・深瀬裕子編『エピソードでつかむ生涯発達心理学』ミネルヴァ書房，2013年。

荻上チキ『ネットいじめ　ウェブ社会と終わりなき「キャラ戦争」』PHP研究所，2008年。

小田部貴子・丸野俊一・舛田亮太「アカデミック・ハラスメントの生起実態とその背景要因の分析」『九州大学心理学研究』11号，45-56頁，2010年。

加藤忠史『うつ病治療の基礎知識』筑摩書房，2014年。

笠虎崇『アイフル元社員の激白　ニッポン借金病時代』共栄書房，2006年。

金子雅臣『壊れる男たち　セクハラはなぜくり返されるのか』岩波新書，2006年。

河合隼雄『カウンセリングの実際問題』誠信書房，1970年。

河合隼雄『心理療法序説』岩波書店，1992年。

河合隼雄『大人になることのむずかしさ　青年期の問題（子どもと教育）』岩波書店，1996年。

北島潤一郎『うつ病はこころの骨折です』実業之日本社，2007年。

北山修『錯覚と脱錯覚』岩崎学術出版，1985年。

キャメリアン，R.『洗脳の科学』第三書館，1994年。

草野かおる・木原実『おかあさんと子どものための防災＆非常時ごはんブック』ディスカヴァー，2014年。

草野かおる・渡辺実『4コマですぐわかる　みんなの防災ハンドブック』ディスカヴァー，2014年。

熊野宏昭『実践！マインドフルネス　今この瞬間に気付き青空を感じるレッスン』サンガ，2016年。

熊野宏昭『ストレスに負けない！心のストレッチ　はじめてのマインドフルネス』NHK出版，2017年。

熊野宏昭・伊藤絵美・NHKスペシャル取材班『「キラーストレス」から心と体を守る！マインドフルネス＆コーピング実践CDブック』主婦と生活社，2017年。

グナラタナ，バンテH.『マインドフルネス　気づきの瞑想』（出村佳子訳）サンガ，2012年。
　（Gunaratana, Bhante Henepola, *Mindfulness in Plain English,* Wisdom Publications,

2011．）

警視庁『平成28年における交通事故の発生状況』https://www.npa.go.jp/publications/statistics/koutsuu/H28_zennjiko.pdf（最終閲覧日：2018年1月25日）

警視庁　マルチ商法　http://www.keishicho.metro.tokyo.jp/kurashi/higai/shoho/maruchi.html（最終閲覧日：2018年5月5日）

健康・体力作り事業財団「良い睡眠をとるための生活習慣改善の10カ条」

公益財団法人　日本国際教育支援協会「平成27年度　学生教育研究災害傷害保険　年次報告」2016年。

国土交通省道路局，警察庁交通局『安全で快適な自転車利用環境創出ガイドライン』2016年。

厚生労働省　知ることからはじめよう　みんなのメンタルヘルス総合サイト　http://www.mhlw.go.jp/kokoro/index.html（最終閲覧日：2018年5月7日）

厚生労働省　職場のパワーハラスメントについて　http://www.mhlw.go.jp/stf/seisakunitsuite/bunya/0000126546.html（最終閲覧日：2018年5月5日）

厚生労働省「健康づくりのための睡眠指針2014〜睡眠12箇条〜」2014年。

小林哲郎・杉原保史・高石恭子『大学生がカウンセリングを求めるとき　こころのキャンパスガイド』ミネルヴァ書房，2000年。

財団法人パブリックリサーチセンター「ストレススケールガイドブック」実務教育出版，2004年。

斎藤環『社会的ひきこもり　終わらない思春期』PHP研究所，1998年。

坂野雄二『60のケースから学ぶ認知行動療法』北大路書房，2012年。

佐々木正美・梅永雄二『こころライブラリーイラスト版　大人のアスペルガー症候群』講談社，2008年。

佐藤幹夫・西研・滝川一廣・小林隆児『発達障害と感覚・知覚の世界』日本評論社，2013年。

サルズマン，L.『強迫パーソナリティ』（成田善弘・笹原嘉共訳）みすず書房，1988年。(Salzman, L, *The Obsessive personality ; Origins, Dynamics and Therapy*, Jason Aronson Inc.: New York 1975.)

司馬理英子『のび太・ジャイアン症候群3　ADHD　子どもが輝く親と教師の接し方』主婦の友社，2001年。

司馬理英子『大人の発達障害　アスペルガー症候群・ADHD　シーン別解決ブック』主婦の友社，2016年。

司馬理英子・加藤醇子・千谷史子『のび太・ジャイアン症候群4　ADHDとアスペルガー症候群』主婦の友社，2003年。

島田裕巳『最新・新宗教事情　カルト・スピリチュアル・おひとりさま』勉誠出版，2009年。

白川修一郎『ビジネスパーソンのための快眠読本』ウエッジ，2016年。

鈴木乙史・佐々木正宏・吉村順子『女子大生がカウンセリングを求めるとき』ミネルヴァ書

房，2002年。

世界思想社編集部『大学新入生ハンドブック』世界思想社，2014年。

世界保健機関『ICD-10 精神および行動の障害 臨床記述と診断ガイドライン』（融道男ほか監訳）医学書院，1993年。（World Health Organaizasion, *The ICD-10 Classification of Mental and Behavioural Disorders : Clinical descriptions and diagnostic guidelines.* 1992.）

専修大学出版企画委員会『改訂版 知のツールボックス 新入生援助集（フレッシュマンおたすけ）』専修大学出版局，2009年。

高石恭子・岩田淳子『学生相談と発達障害』学苑社，2012年。

高橋三郎・大野裕監訳『DSM-5 精神疾患の分類と診断の手引き』医学書院，2014年。

武野俊弥『ユング派精神療法の実践』創元社，2017年。

柘植雅義監修・高橋知音編『ハンディシリーズ発達障害支援・特別支援教育ナビ 発達障害のある大学生への支援』金子書房，2016年。

土川隆史編『メンタルヘルス・シリーズ スチューデント・アパシー』同朋舎出版，1990年。

寺門琢己『かわいいからだ』幻冬舎，2000年。

東京臨床心理士会『災害時ハンドブック』情報印刷株式会社，2011年。

東京都総務局総合防災部防災管理課『東京防災』東京都総務局総合防災部防災管理課，2015年。

トミヤマユキコ・清田隆之『大学１年生の歩き方 先輩たちが教える転ばぬ先の12のステップ』左右社，2017年。

独立行政法人国民生活センター 学生に広がるマルチ商法的勧誘に注意！2012年 http://www.kokusen.go.jp/mimamori/kmj_mailmag/kmj-support58.html（最終閲覧日：2018年5月5日）

冨高辰一郎『なぜうつ病の人が増えたのか』幻冬舎，2009年。

中井久夫『精神科治療の覚書』日本評論社，1982年。

中井久夫『統合失調症をほどく』ラグーナ出版，2016年。

中井久夫『統合失調症をたどる』ラグーナ出版，2015年。

中井久夫・山口尚彦『看護のための精神医学』医学書院，2001年（改訂2版2004年）。

中村和彦『大人のADHD 臨床 アセスメントから治療まで』金子書房，2016年。

中村ユキ『わが家の母はビョーキです』サンマーク出版，2008年。

中村ユキ『わが家の母はビョーキです2』サンマーク出版，2010年。

中村ユキ・高森信子『マンガでわかる！統合失調症 家族の対応編』日本評論社，2016年。

成田善弘『強迫症の臨床研究』金剛出版，1994年。

ニキリンコ・藤家寛子『自閉っ子，こういう風にできてます！』花風社，2004年。

日本イーライリリー株式会社 「大人のためのADHD.co.jp」2017年。

https://adhd.co.jp/otona/（最終閲覧日：2018年4月30日）
日本損害保険協会『自転車の事故～安全な乗り方と事故への備え～』2015年。
日本脱カルト協会（JSCPR）『カルト脱退からの脱退と回復のための手引き　〈必ず光が見えてくる〉本人・家族・相談者が対話を続けるために』遠見書房，2009年。
沼崎一郎『キャンパス・セクシャル・ハラスメント　対応ガイド』嵯峨野書院，2001年。
野上芳美編『摂食障害』日本評論社，1998年。
ハウス加賀谷・松本キック『統合失調症がやってきた』イースト・プレス，2013年。
ハッサン，S.『マインド・コントロールの恐怖』恒友出版，1993年。
長谷川寿一監修『思春期学』東京大学出版会，2015年。
林公一・村松太郎監修『ケースファイルで知る統合失調症という事実』保健同人社，2013年。
原田誠一ほか「特集"睡眠－精神療法学"入門」『精神療法』Vol. 41, No. 6, 7-89頁（795-877），2015年。
平木恭一『図解入門業界研究　最新クレジット／ローン業界の動向とカラクリがよ～くわかる本［第3版］』秀和システム，2011年。
平澤伸一『ストレスの人間学　メンタルヘルスとストレス』哲学堂出版，2016年。
福田真也『大学教職員のための大学生のこころのケア・ガイドブック』金剛出版，2007年。
藤森和美・前田正治『大災害と子どものストレス　子どもの心のケアに向けて』誠信書房，2011年。
堀忠雄・田中秀樹・林光緒・上田一貴ほか『睡眠心理学』北大路書房，2008年。
平井孝男『心の病いの治療ポイント　事例を通した理解』創元社，1989年。
平井孝男『うつ病の治療ポイント』創元社，2004年。
平井孝男『統合失調症の治療のポイント』創元社，2015年。
ボールディング，E.『子どもが孤独(ひとり)でいる時間』（松岡亨子訳）こぐま社，1988年。
　　(Boulbing, E., *Children and Solitude*. Pendle Hill, Wallingford, PA, 1962.)
松崎朝樹『精神診療プラチナマニュアル』メディカル・サイエンス・インターナショナル，2018年。
松本俊彦『大学生のためのメンタルヘルスガイド　悩む人，助けたい人，知りたい人へ』大月書店，2016年。
丸山総一郎編『ストレス学ハンドブック』創元社，2015年。
丸山顯徳『キャンパスライフ　入学から卒業へ』嵯峨野書院，2013年。
マンデン，A.／アーセラス，J.『ADHD注意欠陥／多動性障害　親と専門家のためのガイドブック』（市川宏伸・佐藤泰三監訳，紅葉誠一訳）東京書籍，2000年。(Munden, Alison and Arcelus, Jon, *The ADHD Handbook A Guide for parents and professionals on attention Deficit/Hyperactivity Disorder*. Kingsley Publishers Ltd., U.K., 1999.)
御輿久美子・赤松万里「アカデミック・ハラスメントの実態調査研究」科学研究成果報告

書：平成14年〜平成16年　基礎研究（C）（1）課題番号：1594015。
水上宏明『クレジットカードの知識』日本経済新聞出版社，2007年。
宮岡等・内山登紀夫『大人の発達障害ってそういうことだったのか』医学書院，2013年。
宮西照夫『ひきこもりと大学生　和歌山大学引きこもり回復支援プログラムの実践』学苑社，2011年。
村井俊哉・森本恵子・石井信子『メンタルヘルスを学ぶ　精神医学・内科学・心理学の視点から』ミネルヴァ書房，2015年。
村上春樹『アンダー・グラウンド』講談社文庫，1999年。
村上春樹『約束された場所で　undergraund 2』文藝春秋，2001年。
文部科学省「不登校に関する調査研究協力者会議　不登校児童生徒への支援に関する最終報告〜一人一人の多様な課題に対応した切れ目のない組織的な支援の推進〜」2016年。http://www.mext.go.jp/component/b_menu/shingi/toushin/__icsFiles/afieldfile/2016/08/01/1374856_2.pdf（最終閲覧日：2018年5月3日）
山田聡編『MAGAZINE HOUSE MOOK クロワッサン特別編集　女性目線で徹底的に考えた防災BOOK』マガジンハウス，2016年。
山本統一『SEが基礎から学ぶ　金融システムの教科書』日本実業出版社，2010年。
山本晴義『ストレス教室』新興医学出版社，2002年。
吉川肇子・杉浦淳吉・西田公昭『大学生のリスク・マネジメント』ナカニシヤ出版，2013年。
「DSM-5　精神疾患の分類と診断の手引き」医学書院，2014年。
「ICD-10　精神及び行動の障害　臨床記述と診断のガイドライン新訂版」医学書院，2005年。
Holmes, T.H. and Rahe, R.H., "The Social Readjustment Rating Scale". J Psychosomatic Research. 11 (2): 213-8.
Soldatos et al., Athens Insomnia Scale: validation of an instrument based on ICD-10 criteria. *Journal of Psychosomatic Research* 48 (6): 555-560, 2000.

索　引

あ 行

アイデンティティ　9, 36
アカハラ　80
安心感　155
イマジネーションの障害　147
うつ病　97
オフィスアワー　188
オリエンテーション　40

か 行

快眠度チェックシート　178, 179
買い物依存　69
カウンセリング　99
架空請求　75
学生教育研究災害傷害保険　44
学生相談室　33
過呼吸　114
火災報知器　112
過剰適応　134
過食症　134
家族会　108
カルト　87
　教育カルト　87
　商業カルト　87
　破壊的カルト　87
簡易ストレス度チェックリスト　163
感覚過敏　147
希死念慮　153
キャッシング　68
急性ストレス障害　163
教育ローン　68
強迫観念　128
強迫行為　128
強迫性障害　128
強迫パーソナリティ　129
拒食症　134
緊急地震速報　58
筋弛緩法　168

クーリング・オフ制度　73
グレーゾーン　188
公認心理師　96, 191
5月病　40
呼吸法　115
コミュニケーションの障害　147

さ 行

在宅避難　62
サーカディアンリズム　182
サポート資源　187
視覚で考える　147
自己完結型強迫　129
自己評価　134
自己防衛　87
自己誘発性嘔吐　136
指定避難所　55
自閉症スペクトラム障害　141, 147
死別反応　103
社会性の障害　147
社会的コミュニケーション　143
社会不安障害　122
集団療法　99
障害特性　144
情緒的サポート　187
衝動性　142
消費行動　69
消費者相談窓口　73
消費生活センター　72
ショッピング・ローン　68
自律訓練法　168
神経性大食症　134
神経性無食欲症　134
心身症　162
心的外傷後ストレス障害　163
新入生ガイダンス　40
心理教育　130
心療内科医　192
心理療法　99, 130

睡眠障害　153
睡眠特性　177
睡眠メモ　181,184
スチューデント・アパシー　37
ストレス　158
ストレス反応　158
ストレッサー　158
精神科医　96,192
精神分析的心理療法　99
セクハラ　80
摂食障害　134
専門相談　188
双極性障害　102
想像力の障害　147

た 行

代償行為　136
多動性　142
丹田呼吸法　115
注意欠如・多動性障害　141
定型発達　155
適応障害　103,163
道具的サポート　187
統合失調症　105
盗難被害　47
トラウマ　171

な 行

二次障害　142
認知行動療法　99
ネズミ講　72
ネット依存　51

は 行

発達障害　141
パニック障害　111
パニック発作　112
ハラスメント　80
パワハラ　80
汎適応症候群　158
ひきこもり　36,125
　　社会的ひきこもり　36

ひきこもり地域支援センター　37
非言語コミュニケーション　148
標準体重　135
不安階層表　123
不安障害群　111,122
不注意　142
不登校　36
フレッシュマンキャンプ　40
分割払い　68
分析心理学的（ユング派）心理療法　99
防災訓練　60
防災マニュアル　58
ボディイメージ　135

ま 行

マインド・コントロール　88
マインドフルネス瞑想　169
巻き込み型強迫　129
マルチ商法　72
むちゃ食い　135
名義貸し　67

や・ら 行

薬物療法　98,130
ゆとり　109
抑うつ気分　96
来談者中心療法　99
リテラシー　51
リボルビング払い　68
リラクゼーション法　168
臨床心理士　96,190
連帯保証人　67
論文検索サイト　50

欧 文

ADHD　141
ASD　147,163
BMI　135
DMS　97
ICD　97
PTSD　163,171
SNS　50

〈著者紹介〉

香月菜々子（かつき・ななこ）
- 2007年 上智大学大学院文学研究科心理学専攻博士後期課程満期退学。博士（心理学）。
- 現　在 大妻女子大学人間関係学部人間関係学科社会・臨床心理学専攻および同大学院人間文化研究科臨床心理学専攻准教授。臨床心理士，公認心理師。
- 著　書 『星と波描画テスト　基礎と臨床的応用』（誠信書房，2009年），『投映描画法ガイドブック』（共著，山王出版，2005年），エドナ・B・フォアほか著『PTSD治療ガイドライン』（分担訳，金剛出版，2013年）。

古田雅明（ふるた・まさあき）
- 2009年 専修大学大学院文学研究科心理学専攻博士後期課程満期退学。博士（心理学）。
- 現　在 大妻女子大学人間関係学部人間関係学科社会・臨床心理学専攻および同大学院人間文化研究科臨床心理学専攻教授。臨床心理士，公認心理師。
- 著　書 『心理臨床家の成長』（共著，金剛出版，2013年），『生い立ちと業績から学ぶ精神分析入門』（共著，創元社，2015年），『臨床現場で役立つ質的研究法　臨床心理学の卒論・修論から投稿論文まで』（共著，新曜社，2016年），クリストファー・ボラス著『太陽が破裂するとき　統合失調症の謎』（共訳，創元社，2017年）など。

キャンパスライフ サポートブック
――こころ・からだ・くらし――

2019年5月20日　初版第1刷発行　　　　　〈検印省略〉

定価はカバーに表示しています

著　者　香月菜々子
　　　　古田雅明
発行者　杉田啓三
印刷者　坂本喜杏

発行所　株式会社　ミネルヴァ書房
607-8494 京都市山科区日ノ岡堤谷町1
電話代表　(075)581-5191
振替口座　01020-0-8076

©香月・古田, 2019　　　富山房インターナショナル

ISBN 978-4-623-08467-8
Printed in Japan

大学生のためのリサーチリテラシー入門　　四六判　272頁
　　──研究のための8つの知から　　　　　本　体　2400円
山田剛史／林創著

よくわかる学びの技法［第3版］　　　　　Ｂ5判　180頁
田中共子編　　　　　　　　　　　　　　本　体　2200円

よくわかる卒論の書き方［第2版］　　　　Ｂ5判　234頁
白井利明／高橋一郎著　　　　　　　　　本　体　2500円

マンガ・アニメで論文・レポートを書く　　Ａ4判　288頁
山田奨治編著　　　　　　　　　　　　　本　体　3500円

一歩前から始める
「統計」の読み方・考え方　　　　　　　　Ａ5判　340頁
神林博史著　　　　　　　　　　　　　　本　体　2200円

災害ボランティア入門　　　　　　　　　　Ａ5判　266頁
　　──実践から学ぶ災害ソーシャルワーク　本　体　2500円
山本克彦編著

── ミネルヴァ書房 ──
http://www.minervashobo.co.jp/